新能源汽车

从业人员

安全必读

郭栋 编

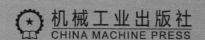

机械工业出版社
CHINA MACHINE PRESS

本书系统介绍了新能源汽车生产经营中的安全管理。生产经营是一个系列活动，涵盖人、车、管理、环境四个方面。本书围绕汽车驾驶场景、汽车维修场景和汽车充电场景，运用安全工程的方法和逻辑对新能源汽车从业人员的安全能力进行阐述，包括危险源在哪里，这些危险源会导致哪些类型的事故，什么原因触发事故，有哪些防护措施，怎样验证措施的有效性，平时如何检查防护措施的失效。本书适用于新能源汽车运用管理人员、工程技术人员、从业人员及相关专业大、中专院校师生阅读参考。

图书在版编目（CIP）数据

新能源汽车从业人员安全必读 / 郭栋编 . —北京：机械工业出版社，2021.10
ISBN 978-7-111-69330-7

Ⅰ.①新⋯　Ⅱ.①郭⋯　Ⅲ.①新能源－汽车－安全技术　Ⅳ.① U469.7

中国版本图书馆 CIP 数据核字（2021）第 204161 号

机械工业出版社（北京市百万庄大街 22 号　邮政编码 100037）
策划编辑：何士娟　责任编辑：何士娟　丁　锋
责任校对：王　欣　责任印制：常天培
北京铭成印刷有限公司印刷
2022 年 1 月第 1 版第 1 次印刷
184mm × 260mm · 11.75 印张 · 297 千字
0 001—1 900 册
标准书号：ISBN 978-7-111-69330-7
定价：99.80 元

电话服务　　　　　　　网络服务
客服电话：010-88361066　机 工 官 网：www.cmpbook.com
　　　　　010-88379833　机 工 官 博：weibo.com/cmp1952
　　　　　010-68326294　金 书 网：www.golden-book.com
封底无防伪标均为盗版　机工教育服务网：www.cmpedu.com

序言一

随着经济社会持续高速发展，我国已经成为交通大国。我国交通系统不断完善，人们出行极为方便，交通安全防控能力显著提升，道路交通事故和死亡人数总量近年来有了大幅度的下降。但是，由于机动车辆大幅增多，整体交通环境更加复杂，诸多因素导致道路交通事故时有发生。

截至 2018 年 3 月底，我国机动车保有量达 3.15 亿辆，汽车保有量达 2.24 亿辆，机动车驾驶人数达 3.9 亿人，全国公路总里程达 477 万 km，其中高速公路 13.6 万 km。从世界排名来看，我国的汽车保有量排名全球第二，仅次于美国，驾驶人数量已超过美国，位居世界第一，公路总里程全球第三。可以说，在人、车、路硬件条件方面，我国已稳居世界第一梯队。据公安部 2018 年统计，我国驾驶人交通违法人均 1 次以上，重特大交通事故每年都发生数起。虽然我国道路交通领域发展速度很快，但是良好的交通文化氛围尚未形成，公民的交通安全意识不强，因此我国道路安全形势依然严峻复杂，万车死亡率是德国的两倍。据统计，我国交通事故死亡人数中当场死亡的占 20.8%，未当场死亡但在救护人员到达之前死亡的占 27.2%，抢救无效死亡的占 52%，事故伤员死亡率比较高，相当比例的交通事故伤员因贻误救治时机而死亡。

安全是人类社会的永恒主题和终极追求。习近平总书记曾指出，人命关天，发展决不能以牺牲人的生命为代价。这必须作为一条不可逾越的红线。道路交通事故不仅危及人民生命和财产安全，还影响整个社会生产的效率。在实现中华民族伟大复兴的中国梦的路上，交通安全不能缺位。

1. 道路运输生产安全事故的特点

在 3 亿多辆机动车中，有部分是道路运输车辆，它们是生产经营的工具。道路运输是指在公共道路上使用汽车从事旅客或货物运送，它在综合交通运输体系中发挥着非常重要的作用。道路运输在人、机、环、管方面与作业场所和作业环境固定的其他生产经营领域区别很大，使得道路运输生产安全独具特点。

特点一：作业单元数量庞大。

根据交通运输部的统计数据，截至 2020 年，全国道路运输行业共有经营户数 367 万家，道路运输车辆 1.17 亿辆，从业人数 2375 万，其中汽车维修人员 239 万，汽车检测人员 9.6 万，驾驶人培训从业人员 108 万。绝大多数作业都为单车运营模式，一台车就是一个完整的生产单元，这是一个安全主体上千万的庞大生产形式。而如矿山、金属冶炼、危化品生产企业等其他行业全国的数量均为十万数量级，与车辆驾驶作业不在一个数量级上。这一点导致道路运输安全管理不能通过采用一般的风险管控和隐患排查方式消除事故隐患。

特点二：动态、开放的工作环境对从业人员个体的安全技能提出更高的要求。

道路运输作业通过将旅客、货物从起点运输到终点来完成任务，作业的道路设施缺陷、其他交通参与者的行为、不利的气候条件等都可能导致事故的发生。避免事故的发生主要依赖于驾驶人员个人的安全素质和技能，要求驾驶人员具备防御性驾驶能力，有效规避风险。

道路运输作业的这些特点，决定了对从业人员进行安全素养和安全技能的教育培训在道路交通生产经营事故管控中具有特殊的意义。教育培训是解决安全问题最有效、最经济、最持久的方法。

2. 新能源汽车和智能网联汽车对道路运输安全的影响

当前汽车进入了电动化、智能化、网联化时代。采用这些新技术的新型汽车具有与传统汽车完全不同的属性，比如电池燃烧的机理、电池火灾死亡抑制方法等。由于广大新能源汽车的使用者不熟悉汽车的新技术、新装置，导致新能源汽车应用作业中的人为事故时有发生。这些事故不仅会导致驾驶人受到伤害，而且增加了对乘客、行人等其他交通参与者的生命的威胁，即威胁到"不特定的多数人的生命、健康或者重大财产的安全"，涉及公共安全问题。

实际上，传统汽车道路运输从业人员的安全技能是不能完全平移到新能源汽车和智能汽车作业上的，广大道路运输从业人员需要重新学习。

3. 本书的特色

这是国内较早全面介绍新能源车辆道路运输行业从业人员安全技能的书籍，内容包含电动汽车、混合动力汽车、智能汽车的相关作业安全，汽车道路运输生产涉及的驾驶、维修保养、检测、改装、充电等作业安全，以及车辆的道路行驶状态和车辆存储、运输及充电的非道路行驶状态的作业安全，其特色如下：

1）本书的作者把安全技能视为个人的核心素养，视为守住安全底线的基本能力，而不是将安全技能看作一般的职业技能。技能是通过人的感官场景识别、人的大脑判断和决策、人的大脑控制肌肉动作来实现的。作者强调安全技能的掌握不仅要听懂和理解完成任务的知识点，还要加以实际操作，才能形成肌肉记忆。作者希望读者通过对新能源汽车道路运输作业的学习，掌握安全管理中发现问题和解决问题的方法，并将其应用于社会活动和家庭生活，提高个人的生活质量。

2）作者强调事故预防和事故现场处置是每个公民应尽的义务和责任，而不是把安全管理单纯地看成政府和企业雇主的责任，安全作业的受益者是自己，并把这种理念一直贯穿于全书。作者希望读者养成守规矩的意识，遵守操作规程，要具有风险意识，善于发现事故隐患，心里牢记事故隐患积累和事故的演化关联，不抱侥幸心理。

3）作者强调人不可能不犯错，在隐患消除时应充分考虑人的心理和生理的局限性，在强调事前、事中的风险管控的同时，还花了很大的篇幅介绍事故中逃生和医疗救助的技能，提出了逃生时间的概念，并将时间控制作为现场处置最核心的要素，希望在事故发生后，能把事故的损失降到最小。

4）作者考虑到互联网时代人的认知习惯，采用了大量的图片，力求给读者以感官的印象，并通过大量的实际案例，帮助读者建立对危险因素本能的保护反应（条件反射）。

5）作者收集了许多国内外汽车道路运输安全生产事故的案例，通过对案例的分析使读者可以学到如何进行风险辨识和风险分级，提出了本质安全、安全技术措施、安全操作流程、个人防护等手段使用顺序的概念。通过这些手段的叠加使用把事故发生后的伤害程度降低到可接受的范围内，而不是绝对地消灭事故。

衷心期望这本书能够提高道路运输从业人员的安全素养和安全技能，从而推动我国早日成为安全的汽车大国和强国。

应急管理部培训中心主任　张骥教授、博士

序言二

近年来，全国道路运输行业牢固树立生命至上、安全发展的理念，坚持安全发展、改革创新、源头防范、系统治理、依法监管，不断强化道路运输安全监管、事故防范和应急处置措施，提升道路运输安全现代化治理能力，坚决遏制重特大道路运输安全事故，使较大道路运输安全事故大幅减少。确保道路运输安全生产形势稳中向好，成效显著。

各级管理部门按照"党政同责、一岗双责、齐抓共管、失职追责"的要求，完善责任体系，强化责任落实；落实党政领导干部安全生产责任制，厘清道路运输安全监管职责，依法依规建立权力清单、责任清单和监管工作规范，强化监管责任落实；健全安全生产责任考核机制，严格落实安全生产"一票否决"制度；建立健全隐患治理监督机制，抓好源头治理，对存在重大安全隐患的运输企业实施挂牌督办，督促及时消除安全隐患。

运输企业深入推进防控体系建设，建立健全隐患排查治理与安全风险自查自控管理制度，制定隐患排查与风险识别手册，开展安全风险评估和危害辨识，落实安全操作规程，完善控制措施和应急预案；深入推进运输企业安全生产标准化建设，实现安全管理、操作行为、设施设备和作业环境的标准化。

但是，道路运输安全生产事故仍然多发频发，运输企业和管理部门都承受着巨大压力。道路运输安全生产工作真正的难点、痛点、焦点问题到底是什么？如何化解？

为贯彻落实《中华人民共和国安全生产法》，规范道路运输企业主要负责人和安全生产管理人员安全考核工作，提升道路运输企业关键从业人员安全素质，进一步夯实道路运输安全生产基础，交通运输部制定了《道路运输企业主要负责人和安全生产管理人员安全考核管理办法》《道路运输企业主要负责人和安全生产管理人员安全考核大纲》。

抓安全生产，最大的痛苦，就是"心中无数"。多省公布的数据显示，道路交通事故死亡人数始终占安全生产事故死亡人数的 70% 以上。道路交通事故的发生，无外乎是人、车、路、环境等因素风险隐患的相互作用的结果，其中驾驶人是最关键的因素。交通运输部、公安部、应急管理部从 2018 年开始力推深化驾驶人素质教育工程和从业人员安全应急素质教育，意正在此。

道路运输生产涉及人、车、货、场站、道路基础设施、行驶环境条件、组织管理体系等诸多要素，因此，加强道路运输安全管理应该从这些生产要素入手，分类分块进行。企业安全生产工作效果的好坏，关键在基层、在一线。必须坚持问题导向，对标目标任务，深入开展企业基层和生产一线的安全生产专项整治，消除安全事故隐患。必须全力保障安全培训、技术应用、激励机制等方面的基础投入，练好基本功。这是我推荐本书的第一个理由。

当前，汽车产业和运输组织方式正在加速变革，各种新技术、新业态层出不穷，以电动化、智能化、网联化、共享化为特征的"新四化"浪潮正深刻改变着行业面貌。截至2020 年底，我国拥有新能源公交车 46.6 万辆，约占城市公共汽电车运营车辆总数的 66%，有些城市已达到 100%。随着新能源公交车的广泛应用，由于驾驶、检测、维修、充电等环节从业人员对新能源汽车特性了解不足，导致起火、失控等新能源公交车事故频繁发生，安全生产形势不容乐观。对于新技术应用和新业态生长带来的新的道路运输安全问题，需要利用新思维、新方法积极应对，推动企业安全管理水平提档升级。这是我推荐本书的第二个理由。

交通运输部管理干部学院教师　姜明虎

2021 年 11 月

前　　言

由于工作的关系，我每周都在查看汽车安全事故的通报，从中总能看到一些悲惨的事故案例。尽管相关事故的责任人受到了相应的处罚（如果涉及刑事犯罪的，还要追究其刑事责任），但是事故给受害人和受害人亲属内心造成的痛苦还会一直持续，挥之不去。如果汽车行业的从业者、车辆使用者都学习过汽车安全知识，树立安全红线意识，掌握识别风险、消除事故隐患的方法，就能够尽可能避免事故的发生——培养这种能力，正是我编写这本书的目的——给准备或者已经从事新能源汽车行业的人员装上"安全管理软件"。

人类单靠定义和概念的记忆并不能形成能力，为了掌握某些方面的能力，我们必须学习关于这方面能力的基本概念、思维逻辑和解决问题的方法——我把这些比喻成大脑的"软件"。计算机不装软件，是不能处理任何问题的。我们的大脑也是如此，为了拥有安全管理的能力，我们也必须学习，也就是安装"安全管理软件"。

这一"软件"会帮助我们找到危险源，这是解决安全问题的第一步。在新能源汽车行业，最大的危险源就是车载能源，能源使用失控就会导致安全事故。事故隐患排查和治理是我们要学习的第二个能力。这两个能力是我们预防事故发生的能力，在安全工程上把它们称为双重预防机制。一旦发生事故，我们就要逃生；一旦受伤，我们就要自救——这是我们要掌握的另外两个能力。这就是安全技能中的四大能力，也是避免事故发生、减少事故损失的基本方法，概括为四个字：**找，找到危险源；治，消除隐患；逃，事故发生后逃生；救，自救避免伤情恶化。**

有人认为，人类经过35亿年的演化，已经具备识别风险和规避危险的能力、逃离危险的本能。但是对于大规模使用能源的现代社会，人类对风险的识别能力和逃离危险现场的速度根本不能保证个体的安全，因此需要借助技术手段来规避危险。

还有人认为，我们在中小学或大学都学习了公共安全课程，没有必要再学习这种专业的安全知识了。其实安全概念的内涵可大可小，你从事的工作行业不同，比如建筑行业、化工行业，接触的风险就会不同，伤害的类型也不一样，预防和逃生的技术也就不同，因此通用性安全课程，不能取代新能源汽车安全课程。

我们通常把工业按照安全属性划分为高危行业和一般工贸行业。一般工贸行业安全事故发生的频率和事故伤害程度要远远低于高危行业。现有安全管理把汽车应用行业划归到一般工贸行业，我个人认为，与汽车安全有关的安全问题比一般工贸行业更复杂。

主要表现为：第一，事故发生的场景范围大，场所是"流动"的。汽车行业的作业场景包括汽车生产场景、汽车运输场景、汽车维修场景和汽车充电场景，另外车辆作为运输设备还有汽车行驶状态和非行驶状态，行驶状态又分为道路行驶状态和非道路行驶状态，非道路行驶状态又分为维修状态、测试状态、封存状态和充电状态。比如新能源汽车在停车场和充电时的自燃就是非行驶状态的安全事故，汽车的测试、维修也是非行驶状态。在课程中会分别介绍不同场景、不同状态下的安全管理。

第二，事故发生与人、车、管理、环境四个要素有关。在不同场景下这四个要素触发事故的作用不同，比如：在汽车行驶过程中的人，即驾驶员的不安全行为起到主导作用，而且其操作行为很难监控，在充电作业中"物"（指充电设施）的不安全状态占主导地位，在汽车制造场景中"物"的不安全状态比较复杂，物不仅仅指车，还包括厂房、制造设备和物料。

第三，安全管理贯穿于汽车整个生命周期。从产品设计、验证、生产、物流运输、运行、维修、回收，汽车的整个生命周期为 8~25 年，在生命周期的每个阶段，安全目标的表述方法不一样，危险有害因素种类不同，权重不一样，隐患排查项目不一样，应急方案不一样，施救方法也不一样。

我在汽车行业工作了 40 多年，在汽车生产、汽车运输、汽车维修、汽车保险企业都工作过，我曾系统学习过汽车理论知识，也具有一定的实践经验，还亲身参与过一些重大安全事故的调查，对于汽车安全有一定的认识。近年，我系统地总结了新能源汽车安全技术，起草了新能源汽车行业安全培训大纲和考核大纲，开发了考核题库，编写了相关培训教材，并开始讲授新能源汽车安全课程，同时参与新能源汽车事故的调查。工作经历和数据积累使得我能够从不同的视角来研究新能源汽车行业的安全生产管理。我认为，安全意识是一个民族的基本素养，安全管理能力是个人非常重要、最为基础的能力。本书避开了生僻的数学模型和晦涩的技术理论，从现实社会的角度，提出了解决安全问题的方法，归纳总结了常见的伤害类型，指出了可能发生事故的场所、设备和作业。另外，本书根据事故施救和逃生方法将现场处置方案分为碰撞、侧翻、着火、涉水、抛锚五类，阐述了在有限时间内的处理方法。

最后我要强调掌握安全管理能力的重要性。从个人的角度，我认为安全管理能力是一个人的核心素养，人一生除了需要学习、社交、谋生、理财能力外，最重要的是具有保护自己生命的能力——安全管理能力：比如，掌握家庭生活中的安全技能，如避免液化气罐爆炸、煤气中毒、触电；掌握社会活动中的安全技能，如避免聚会踩踏、恐怖袭击。本书虽然讲的是职场的安全管理，但是其处理问题的逻辑同样适用于家庭生活和社会活动，另外也适用于所有私家车驾驶人员和车上乘员。

由于篇幅有限，在本书中我只能教给大家解决问题的思路和列举一些典型案例，读者可根据学到的方法结合自身行业的具体场景灵活运用。

本书还配备了课程网址，其中提供了一些素材和教学视频，供大家参考：http://yjwy.sset.org.cn/#/home。

因水平有限，书中难免有疏漏之处，敬请广大读者批评指正。

编　者

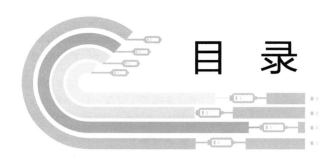

目 录

第一章 有关生产安全的基础知识

第一节 与安全有关的基本概念

一、什么是危险

根据系统安全的观点，危险是指系统中存在导致发生不期望（不可挽回的、影响人的幸福的）后果的可能性超过了人们的承受能力。安全与危险是一对相对的概念，一件不期望的事件导致的后果在人们承受的范围内就是安全，超出了就是危险。风险与危险是一对容易混淆的概念。危险是指某一系统、产品、设备或操作的内部和外部的一种潜在的状态。风险则是发生不幸事件的概率，可能导致损失或收益的不确定性。这种不确定性包括发生与否的不确定、发生时间的不确定和导致结果的不确定。前者是说事件的状态，后者是说不确定性或可能性。

在比较轮胎动平衡作业与发动机吊装作业哪个更危险时，为了衡量危险的程度，安全专家引入了危险度的概念。

危险度是危险源危害的程度。危险度与不期望事件的发生频率、发生事故时规避事态恶化或逃生的可能性和事故发生后损失的严重程度这三个要素有关。通常用危险度来衡量风险的大小：发生频率高，规避的可能性小，损失严重，危险度就高，风险也就大。行业不同，危险度的计算方法也不同，日本汽车维修协会所采用的上述三种要素相加的计算模型比较有借鉴意义。后边的章节会详细介绍这个模型。

二、什么是危险源

危险源是指可能造成人员伤害、疾病、财产损失、作业环境破坏或其他损失的根源、状态或行为，或它们的组合。根据危险源在事故发生、发展中的作用，通常把危险源分为第一类危险源和第二类危险源。在汽车维修行业，把导致人身伤害的能量视为第一类危险源，比如意外释放的电能、势能、化学能；把造成对能量约束、限制能量和危险物质措施失控的各种不安全因素称为第二类危险源，比如熔断器、防护罩、个人防护设备的缺失/失效等。人类的生产活动已经离不开能源，我们实际上与能源是共存状态，但是可以通过对操作人员进行教育、加强安全管理和采取相应的技术手段来控制能源为"我"所用。

危险源又分为一般危险源和重大危险源。重大危险源是指长期或者临时地生产、搬运、使用或者储存危险物品，且危险物品的数量等于或者超过临界量的单元（包括场所和设施）。重大危险源以外的危险源称为一般危险源。

三、什么是风险点

风险点是伴随风险的部位、设施、场所和区域，以及在特定部位、设施、场所和区域实施的伴随风险的作业过程，或以上两者结合。危险源是一个很抽象的概念，在生产现场，我们实际看到的就是一个个风险点，包括作业工位，设备、设施和物料存储区。风险点与事故类型是不同的概念，比如对于汽车维修厂，常见的风险点有洗车工位、充电工位、汽车举升工位、发动机吊装工位、车身矫正工位、涂装工位等。我们把事故中对人体产生伤害的形式（事故类别）分成 20 类：物体打击、跌倒、碾压、触电、火烧等。同一个风险点可能会产生不同的事故类型，例如：在充电工位这个风险点，可能发生氢气爆炸、触电、电解液中毒等不同的伤害形式；公交车的地沟维修作业区域也是一个风险点，在这个风险点作业时可能发生坠落、滑倒、中毒等事故。找到风险点很重要，这是风险识别的第一步。找不到识别风险是"最大的风险"。

四、与事故相关的一组概念

1. 事故隐患

《安全生产事故隐患排查治理暂行规定》第三条指出，安全生产事故隐患（以下简称事故隐患），是指生产经营单位违反安全生产法律、法规、规章、标准、规程和安全生产管理制度的规定，或者因其他因素在生产经营活动中存在可能导致事故发生的物的危险状态、人的不安全行为和管理上的缺陷。

事故隐患又分为一般事故隐患和重大事故隐患。一般事故隐患是指危害和整改难度较小、发现后能够立即整改排除的隐患。重大事故隐患是指危害和整改难度较大，应当全部或者局部停产、停业，并经过一定时间整改治理方能排除的隐患，或者因外部因素影响致使生产经营单位凭借自身难以排除的隐患。重大危险源的划分标准是由国家行业主管部门制定的，每年相关行业的负有安全生产监督管理责任的相关部门都会检查所管辖的生产经营单位的重大事故隐患排查和治理情况。

2. 安全生产事故

事故是指造成人员伤亡、伤害、职业病、财产损失或其他损失的意外事件。而安全生产事故特指与生产经营活动相关的事故，而不是战争、暴乱导致的或个人出外旅游时发生的事故。安全生产事故的根源是能量或有害物质的意外释放，而导致其意外释放的根源就是对能量约束的破坏，每次破坏都会形成事故隐患，但不一定会导致事故的发生，但是事故的发生一定会有能量约束措施被破坏情形的存在。

日本维修企业根据汽车维修事故的起因物、致害物以及伤害形式，把事故伤害形式分成 20 种类别（表 1-1），分别进行管理。

表 1-1 20 种类别的事故

序号	类别	说　明
1	坠落、滑落	指人从树木、建筑物、脚手架、机械、运载工具、梯子、楼梯、斜坡等高处坠落。坠落的对象是人，而不是物体
2	跌倒	指作业人员在同一平面上摔倒或滑动倒下的情况
3	碰撞	指除了坠落、跌落和跌倒以外，人作为主体静止或移动时，与吊钩、机器的部分等撞击。比如被吊起来的电池包撞击到头部，不是飞过来的物体对人体的打击
4	飞来物或下落物	指飞来或落下的物体击中人体的情况。落下的物体是指自由落体，它的初速度为零。我们也把落下的物体称为高空落物，比如被举升的电机坠落在作业人员的脚上导致的伤害
5	坍塌	指堆积物（包括泥等）、脚手架、建筑物等倒塌，砸中人的情况
6	物体打击（撞击）	指除了坠落、倒塌、下落物击中人的场合外，人体被甩出的物体击中的情形。该物体有一定的初速度，比如人投出的物体或从旋转的机床上飞出的零件等
7	被挤压，被卷入	指人与物体紧密地接触，处于被夹在物体里的状态和被卷入的状态，被压扁甚至被扭扁等，比如人被车体压在地面上

（续）

序号	类别	说　明
8	切、磨	指在被摩擦、被搓的状态下被划伤的情况等，如手部与旋转的正时带的摩擦等
9	踩踏	指踩在钉子、金属片等情形下的伤害
10	淹溺	指掉进水中死亡的情形
11	灼伤	指与高温、低温物体接触时的灼伤或冻伤
12	中毒	指暴露于辐射、有害光线、CO 场合中的损害，以及暴露于缺氧、高气压、低气压等有害环境中的损害，还包括与有毒物质、气体接触导致的伤害
13	触电	指接触带电体或因电弧放电使人体受到电击的情形，包括电击、电灼伤和皮肤金属化
14	爆炸	指压力的急剧增大或释放，伴随着轰鸣声的膨胀导致的伤害，比如轮胎过充爆炸导致的伤害
15	破裂	指压力容器或密闭装置开裂导致的伤害，如发动机缸体破裂导致的伤害
16	火灾	指与火灾有关的连锁反应，包括爆炸和有害物质接触（煤气中毒）等导致的伤害，但在统计上，爆炸或有害物的接触中毒比火灾更优先
17	车辆交通事故	指车辆交通事故导致的伤害
18	非车辆交通事故	指在船舶、飞机、公共运输列车、电车等交通事故中的伤害
19	拉伤、扭伤	指拿起重物、弯腰、不自然的身体姿势、反关节动作等导致的扭伤、拉伤的情况
20	其他	不属于上述情况的其他伤害

3. 故障

在汽车维修作业中经常要使用故障这个词汇。故障与事故都是已发生的事件，但它们不是同一个概念。故障是系统不能执行规定功能的状态。通常而言，故障是指系统中部分元器件功能失效而导致整个系统功能恶化的事件。另外，汽车维修作业中还常用到失效这个词汇。失效是指产品丧失完成规定功能的能力的事件。在实际应用中，特别是对硬件产品而言，故障与失效很难严格区分。一般对于产品不可修复的情况我们习惯称之为失效，如润滑油失效、晶体管失效等，而对产品可修复的情况我们习惯称之为故障，例如发动机节气门故障、变速器轴承故障等。

五、与应急管理相关的一组概念

（1）突发事件（Emergency）

突发事件是指突然发生，造成或者可能造成严重社会危害，需要采取应急处置措施予以应对的自然灾害、事故灾难、公共卫生事件和社会安全事件。比如新冠肺炎疫情、化工厂爆炸事故等都是突发事件，造成了严重的社会危害，需要采取应急处置措施。

（2）应急救援（Emergent Response）

应急救援是指遇到突发事故时所采取的救援行动，包括自救、互救和他救三种类型。

（3）逃生

逃生是指发生事故时的一种自救行为，其目的是使当事人快速离开事故现场。依照美国法律，在美国销售的汽车的生产厂家都要给其消费者提供它所销售车型的逃生手册。比如生产厂家在美国比亚迪销售比亚迪 K9 时，就提供了该车型的逃生指导手册。（在美国销售比亚迪 K9 时，比亚迪生产厂家就提供了该车型的逃生指导手册）

六、什么是应急救治

应急救治是指在人体受到伤害时，受过应急训练的非医务工作者对伤者在第一时间的、保住生命的救治活动（日语叫应急处置，英文叫 FIRST AID），是应急救援中的互救行为。应急救治一般在伤害发生后的 4 分钟内进行，这是保住伤者生命的最佳时机。图 1-1 给出了人的心跳骤停持续时间与后果的关系。

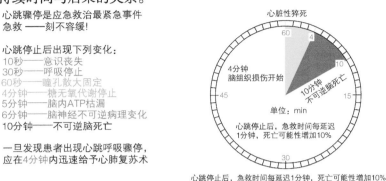

图 1-1　心跳骤停持续时间与后果的关系

图 1-2 给出了应急救治与紧急医疗的关系。

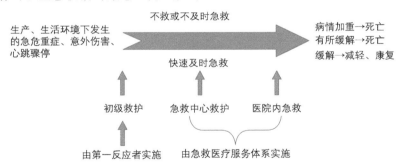

图 1-2　应急救治与紧急医疗的关系

应急救治包括启动急救系统、心肺复苏、电除颤、高级生命支持、复苏后综合处理五个步骤，如图 1-3 所示。

图 1-3　应急救治的五个步骤

七、什么是职业病与职业健康

1. 职业病

职业病是指企业，事业单位和个体经济组织（统称用人单位）的劳动者在职业活动中，因接触粉尘、放射性物质和其他有毒有害物质而引起的疾病。安全生产事故是指突发的、瞬间的事故，而职业病是指一种渐变的疾病。是否患上职业病需要在规定的时限内按一定的程序，由专业的鉴定中心鉴定方可下结论。一旦确认患有职业病，劳动者会得到赔偿。

2. 职业健康 ⊖

职业健康是指对生产过程中产生的有害员工身体健康的各种因素所采取的一系列治理措施和卫生保健工作。

职业健康是以促进并维持各个行业职工的生理、心理及社交处在最好状态为目的；防止职工的健康受工作环境影响；保护职工不受健康危害因素伤害；将职工安排在适合他们的生理和心理的工作环境中。

职业健康主要内容有：

1）对生产中的高温、粉尘、噪声、振动、有害气体和物质等在技术上采取措施加以治理。

2）改善通风、照明、防暑降温、防寒防冻等措施。

3）搞好环境卫生和绿化工作。

4）定期对员工进行健康检查和职业病防治观察。

5）对员工及其家属进行卫生防疫、医疗预防、妇幼保健等。

职业健康安全是影响工作场所内员工、临时工作员工、合同方人员、访问者和其他人员健康和安全的条件及因素。职业健康安全工作中应防止机械伤害、触电伤亡、急性中毒、车辆伤害、坠落、坍塌、爆炸、火灾等危及人身安全的事故发生。

八、工业污染

工业污染是指工业活动对环境的破坏。汽车维修行业主要的污染源是工业机油、润滑脂、钣喷的废物和工业废水。常见的工业污染标识如图 1-4 所示。我国对任何污染环境的行为都是零容忍。

图 1-4　常见的工业污染标识

九、安全生产管理的目标

作为个体，安全的目标是要做到"不伤害自己，不伤害他人，不被他人伤害，保护他人不受伤害"。比如在维护高压电池时佩戴绝缘手套，就是防止自己伤到自己；规范使用举升机作业，避免他人受伤就是不伤害他人的行为；不进入规定的作业区域，就是避免被他人伤害；及时制止他人的违章作业行为，就是保护他人不受伤害。

⊖　参考 MBA 智库百科。

第二节　生产经营单位主要负责人要为安全管理缺失承担相应责任

安全生产管理是企业管理的一个分支，它是一系列管理活动的组合。安全生产管理是根据安全风险评估的结果，确定安全风险控制的优先顺序和采用相应的安全风险控制措施，以达到改善安全生产环境、减少和杜绝安全生产事故的发生为目的。这个目标一般用事故发生率、直接经济损失、人数伤亡绝对值来表述。

作为从业人员，我们要遵守生产经营单位（注意在安全法中不用企业这个词）的规章制度，管好自己的作业安全，但是对于生产经营单位周边环境、设备和设施、建筑物的安全隐患排查，以及应急管理等，就不是一个从业人员个体能够解决的。因此安全生产法规定生产经营单位是安全管理的主体，生产经营单位主要负责人是安全生产第一责任人。

根据 GB/T 33000—2016《企业安全生产标准化基本规范》，安全生产管理活动主要包括下列 13 项工作。

1）树立安全管理目标。
2）建立安全管理组织机构和职责。
3）充足的安全生产投入。
4）识别法律法规和建立安全制度。
5）实施安全培训教育。
6）健全安全生产设备设施。
7）实行作业安全票制度。
8）持续的安全隐患排查和治理。
9）对重大危险源监控。
10）实施职业健康管控。
11）具备应急救援能力。
12）对事故报告调查处理。
13）建立绩效评定持续改进。

作为个体，我们不要选择没有安全管理制度的生产经营单位去就业。作为生产经营单位的管理者，要为安全生产责任事故承担相应的法律责任、行政责任，而不仅仅是一赔了之。

第三节　事故致因理论和安全工程

通过前面的学习，我们知道了什么是安全生产事故。本节主要讲述事故如何发生，及由隐患到伤害的演变过程，以及因人的因素、物的因素、管理的因素、环境的因素等不同种类的隐患在事故演变过程中的作用。懂得了这些，我们才能够预防事故的发生。

首先我们来学习事故致因理论，它不同于火灾机理、触电伤害机理这样的具体事故类型的技术机理，事故致因理论是研究安全生产事故的普遍规律。上述这两种理论服务的对象不一样，搞清楚一种伤害发生的机理是为了设计出相应的保护措施、抑制事故事态的措施和采取个人防护措施。而搞清楚事故致因理论，是为了消除事故隐患共性问题，从人和管理的维度避免事故的发生。

一、海因里希法则——量变到质变

海因里希法则是指就某一类事故而言（图 1-5），如在机械生产过程中，每发生 330 起意外事件有 300 起隐患或违章，则非常可能发生 29 起轻伤或故障，最终导致一起重伤、死亡事故。这个法则告诉我们从事故隐患到小事故甚至重大事故的演变过程。读者请不要纠结海因里希模型所说的定量关系，而主要关注海因里希阐述的定性关系，看事情发展的趋势。

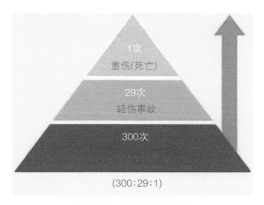

图 1-5　海因里希法则

例如：当你闯红灯发生交通违章被罚款时，你要马上警觉，因为你已经使一次隐患变为现实，你已经向事故的发生边缘迈进一步。

二、轨迹交叉理论——祸不单行

事故交叉理论是指在事故发展进程中，人的因素运动轨迹与物的因素运动轨迹的交叉点就是事故发生的时间和空间，即人的不安全行为和物的不安全状态发生于同一时间，同一空间，或者说人的不安全行为与物的不安全状态相遇，则将在此时间、空间发生事故。由图 1-6 可以看到，模型的第一列是事故发生的最底层、最基础的原因是一个民族或国家的安全文化，是一个国家人们对安全的重视程度，对安全素质的培养。因为无论是安全管理还是技术措施都是人主导的。如果主导这件事的人不重视安全，再好的措施也等于零。日本对儿童从小就进行安全素质教育，初、中、高教学中开设安全课程，从小牢固树立了安全文化的意识，因此日本整体安全管理水平高于很多国家。模型的第二列是安全缺陷，它是事故发生的间接原因。模型的第三列是物的不安全状态、人的不安全行为，它们是导致事故发生的直接原因。事故的发生过程是由肇事人触发了起因物，然后由致害物去伤人。

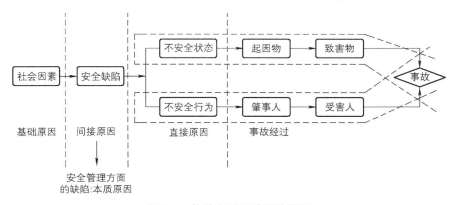

图 1-6　轨迹交叉理论事故模型

图 1-7 帮助我们更进一步理解图 1-6 所示的轨迹交叉理论事故模型，分析了物体打击伤害事故形成的原因。从事情的经过来看：肇事人是高处作业人员，起因是工具未摆放牢固，受害人是行走的工人，致害物是掉落的工具。事故的直接原因是无安全人员值守、没有对作业现场区域隔离。高处作业时其下方应禁止人员通行，被害人没有佩戴安全帽，显然也违章了。根据图 1-6，再向上一个层次进行分析：这个单位没有执行安全作业制度，违章操作时也没有人发现、纠正，说明安全管理不到位。再往上追究，就是单位所在的行业、国家对安全的重视程度。

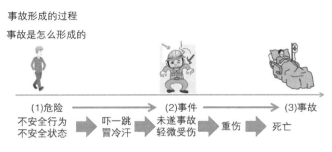

事故形成的过程

事故是怎么形成的

(1)危险　　　　(2)事件　　　　(3)事故
不安全行为　　未遂事故
不安全状态 → 吓一跳 → 轻微受伤 → 重伤 → 死亡
　　　　　冒冷汗

危险→事件→事故构成了[事故链]：三者之间存在一定的关联。但是事故在某一时刻会不会发生，完全取决于致害物是否与人接触，以及接触后对人的伤害程度。因此，从本质上来看，事故就是一种发生了的"随机事件"，它发生于人、物轨迹意外交叉的"时空"。而更深刻的联系是什么呢？

图 1-7　下落物伤害事故案例

三、系统安全理论——安全管理不能有漏洞和盲区

事故致因理论改变了第二次工业革命时期人们只注重对操作人员不安全行为的管理，而忽略硬件（设备设施和工作环境）在事故致因中作用的传统观念，开始考虑如何通过改善物的系统可靠性来提高复杂安全系统的安全性，开始系统地审视影响安全的因素，从而避免事故的发生。

对于安全系统的认识是动态的。由于人的认识能力有限，有时不能完全辨识诸多危险源，即使认识了现有的危险源，随着生产技术的发展，新技术、新工艺、新材料的出现，又会产生新的危险源。比如我们经过 100 多年，对燃油汽车的事故规律已有了充分的认识，但是随着汽车电动化和智能化技术的出现，对电池和软件缺陷带来的新的事故类型需要重新的认知和辨识。按照系统安全的理论，我们要从新能源汽车本身的设计、使用和维修等诸多方面来控制能量的意外释放，努力把事故发生概率降到最低，即使万一发生事故，也能通过对应急技术的更新，把伤害和经济损失控制在较轻的程度。

四、安全工程学解决问题的思维模式

安全工程是一门科学，是一门工程类学科。它有着自己一套分析问题和解决问题的逻辑，针对某种风险，它首先要将一个单位的危险源找出来，然后定量地评估，再按管控责任去分级，再有针对性地制订措施。安全工程把避免安全事故的途径分为四类：本质安全（图 1-8）、安全的技术措施（图 1-9）、管理措施（图 1-10）和个人安全防护（图 1-11）。生产经营单位所属的行业不同，伤害类型不同，这四类的内涵可能也不一样，但是解决问题的思路是相同的。

图 1-8　本质安全就是把老虎变成宠物狗

图 1-9　技术措施可形象地比喻成用护栏把老虎关起来

图 1-10　管理措施的意义是通过教育和提醒人们，使之远离老虎

图 1-11　个人防护措施就像"穿上盔甲"

　　管理措施是针对作业人员的措施，通过管理手段使作业人员懂得如何安全作业，会安全作业，不打折扣地执行安全作业制度。

　　个人防护措施是多重安全措施之一。例如：防触电措施能够在工作人员意外触电时，对他进行保护。

　　下面是在电动汽车应用中避免触电、碰撞、燃烧事故的思路（图 1-12）加以说明。

图 1-12　电动汽车提高本车安全的措施

第四节　我国安全管理体系

一、安全生产工作坚持中国共产党的领导

我国的安全生产指导思想如图 1-13 所示，包括：

① 安全生产理念：安全生产工作应当坚持中国共产党的领导。安全生产工作应当以人为本，坚持人民至上、生命至上，把保护人民生命安全摆在首位，树牢安全发展理念。

② 安全生产方针：坚持安全第一、预防为主、综合治理的方针，从源头上防范化解重大安全风险。

③ 安全生产工作机制：安全生产工作应当实行管行业必须管安全、管业务必须管安全、管生产经营必须管安全，强化和落实生产经营单位的主体责任与政府监管责任，建立生产经营单位负责、职工参与、政府监管、行业自律和社会监督的机制。

二、我国政府在安全生产工作中是如何履行政府监管职责的

安全管理不单单是生产经营单位主要负责人和员工的事，任何国家都会从国家层面上管理安全。只不过管理的方式会有所不同。我们国家的安全监管机制具有鲜明的中国特色。概括起来是"两条线"（图 1-14）：一条是安全生产综合监管（就是安监系统这条线）；另一条是行业监管（如工信部、住建部、交通部是分管行业企业准入和产品标准的，他们也要监管行业生产经营单位的安全）。从中央到地方分五个层次分类管理，国务院、省、市、区县、镇和街道，概括起来就是"管行业的必须管安全，党政同责，一岗双责"。比如交通部管汽车维修企业的业务，同时要管汽车修理行业的安全。省委书记和省长都要管安全，单位的党委书记、董事长和总经理在安全管理方面承担相同的职责，管业务的领导也必须对所管的部门的安全负责。

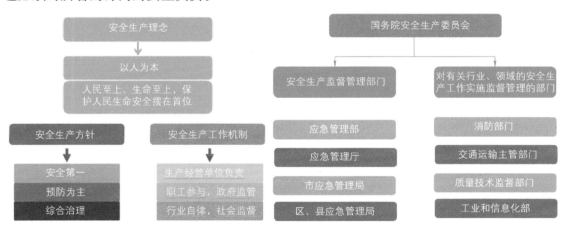

图 1-13　我国的安全生产指导思想　　　　图 1-14　我国的安全生产监管体系

三、安全生产的法律法规是一个体系

我国的安全法律是一个体系，而不是一条法规，它包含法规、条例、规章和行业强制标准。这些文件法律效力不同，颁发的部门也不同。我国新能源汽车应用行业安全生产法律体系见表 1-2。生产经营单位要主动关注法律法规和强制标准，随时了解法律条款、规章制度、行业标准的变化。

表 1-2　我国新能源汽车应用行业安全生产法律体系

安全生产法律	中华人民共和国安全生产法	
	单行法	中华人民共和国消防法
		中华人民共和国道路交通法
		中华人民共和国职业病防治法
	相关法	中华人民共和国劳动法
		中华人民共和国劳动合同法
国务院条例	工伤保险条例	
	生产安全事故应急条例	
行业主管部门规章	应急管理部	生产安全事故报告和调查处理条例
		安全生产培训管理办法
		特种作业人员安全技术培训考核管理规定
	工业和信息化部	新能源汽车生产企业及产品准入管理规定
		特种设备安全监察条例
	交通运输部	中华人民共和国道路交通安全法实施条例
		《机动车维修管理规定》交通运输部令2019 年第 20 号令
	市场监督管理总局	缺陷产品召回管理条例实施管理办法
标准	《电动汽车安全标准》GB 18384—2020	
	《机动车运行安全技术条件》GB 7258—2017	
	《汽车维修业开业条件》GB/T 16739	

注：以上所列不全，仅举例示意。

第一节 生产经营单位主要负责人的安全管理职责

一个把安全放在第一位的企业的主要负责人对本单位安全生产工作负有七种职责：

1）建立健全并落实本单位全员安全生产责任制，加强安全生产标准化建设。

2）组织制定并实施本单位安全生产规章制度和操作规程。

3）组织制定并实施本单位安全生产教育和培训计划。

4）保证本单位安全生产投入的有效实施。

5）组织建立并落实安全风险分级管控和隐患排查治理双重预防工作机制，督促、检查本单位的安全生产工作，及时消除生产安全事故隐患。

6）组织制定并实施本单位的生产安全事故应急救援预案。

7）及时、如实报告生产安全事故。

第二节 安全组织是安全管理的保障

上述职责是安全生产法赋予生产经营单位主要负责人的责任，也是一个对员工安全负责的企业负责人应该做的。我们就业时，要选择一个有能力保障员工安全的单位。

安全组织的人员配置分为两类：一类是高危行业的安全组织；另一类是普通工贸行业的安全组织。

一个把安全放在第一位的生产经营单位，应该建立法律要求的安全机构。我国的建筑施工，金属冶炼，矿山，道路运输（专指长途客运、旅游客运和危化品运输），危化品生产、存储和销售，烟花爆竹生产单位必须建立安全管理机构并配备专职的安全生产管理人员。汽车维修行业按照一般工贸行业相关规定，从业人员超过100人以上应设置管理机构和配置安全管理人员。安全生产法对企业设置安全管理机构的要求如图2-1所示。

图 2-1 安全生产法对企业设置安全管理机构的要求

第三节　员工安全培训

依据安全生产法，生产经营单位下列人员进行培训：主要负责人、安全员、特种作业人员和一般从业人员。从业人员安全培训的内容与培训流程如图2-2所示。

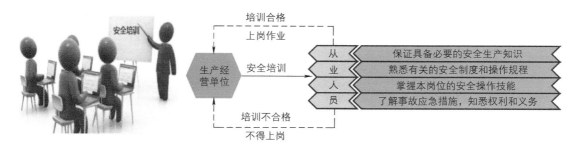

图2-2　从业人员安全培训的内容与培训流程

企业安全培训必须建档、如实记录（图2-3）。

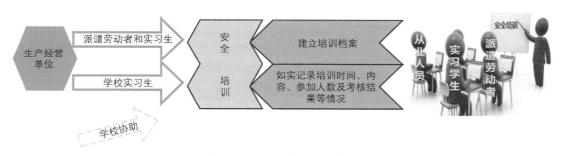

图2-3　企业安全培训的管理

第四节　从业人员的权利和义务

一、从业人员拥有的权利

图2-4给出了安全生产法赋予从业人员在安全方面的权利。牢记这些权利，用法律的手段保护自己。我国的安全生产法和劳动法为了体现"安全第一、生命至上"的原则，规定了从业人员在安全方面拥有的权利。

有很多人在签订劳动合同时都没有认真地、逐条地审核合同条款，这是对自己不负责任的行为。你应该仔细研究一下劳动合同中如何保护自己安全的条款，了解每一个条款细节。

图2-5给出签订劳动合同时要注意的问题。

二、从业人员应尽的义务

作为从业人员，在安全生产方面，既有权利，也有要履行的义务。图2-6给出了作为一名从业员工在安全生产方面应该履行的义务。

1. 知情权
了解其作业场所和工作岗位存在的危险因素、防范措施及事故应急措施

4. 批评、控告权
对本单位安全生产工作中存在的问题提出批评、检举、控告

2. 建议权
对本单位的安全工作提建议

5. 拒绝违章权
有权拒绝违章指挥和强令冒险作业

3. 索赔权
因安全事故受到损害的，除享有工伤社会保险外，有权向本单位提出赔偿要求

6. 停止作业权
发现直接危及人安全的紧急情况时，有权停止作业或者在采取可能的应急措施后撤离作业场所

从业人员权利

生产经营单位不得因从业人员行使权利③④⑤⑥
而降低工资、福利等待遇或者解除与其订立的劳动合同

图 2-4　从业人员拥有的权利

劳动合同
✓ 保障从业人员劳动安全
✓ 防止职业危害的事项
✓ 为从业人员办理工伤保险

生死合同 ✕
✓ 不得以任何形式与从业人员订立协议，免除或者减轻其对从业人员因生产安全事故伤亡依法应承担的责任

图 2-5　从安全生产法的角度看非法的合同

✓ 接受安全生产教育和培训

✓ 掌握本职工作所需的安全生产知识

✓ 提高安全生产技能

✓ 增强事故预防和应急处理能力

从业人员义务

图 2-6　从业人员在安全生产方面应该履行的义务

第五节　劳动防护用品

生产经营单位需要给员工免费配置劳动防护用品。劳动防护用品是指保护劳动者在生产过程中有人身安全与健康所必备的一种防御性装备，对于减少职业危害起着重要的作用。常见的个人防护用品如图2-7所示。劳动防护用品是一种必要的安全措施，但是劳动防护用品不可以取代其他的安全措施。安全生产法中关于个人防护用品的规定如图2-8所示。

图 2-7　常见的个人防护用品

如图2-9所示，工作中，我们要会识别合格的个人防护用品，并掌握其维护和检查的要领。对于劳保用品，我们要记住三件事：买合格的劳保用品，使用在有效期内的劳保用品，使用技术状态正常的劳保用品。例如，在电池维护作业现场，经常看到有些作业人员使用不合规的绝缘手套，比如使用没有安全标志的手套、使用洗碗用的护肤手套、使用过期的手套，甚至使用已经严重老化的绝缘手套。

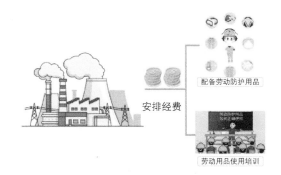

图 2-8　安全生产法关于个人防护用品的规定

图 2-9　劳动防护用品的使用和管理

由于新能源汽车采用了直流高压电源，所以对于新能源汽车维修人员个人防护用品提出了新的要求，主要是增加了绝缘工具和应急救援设备（图2-10）。劳动防护用品的分类如图2-11所示。

图 2-10　新能源汽车维修作业需要增加的劳动防护用品

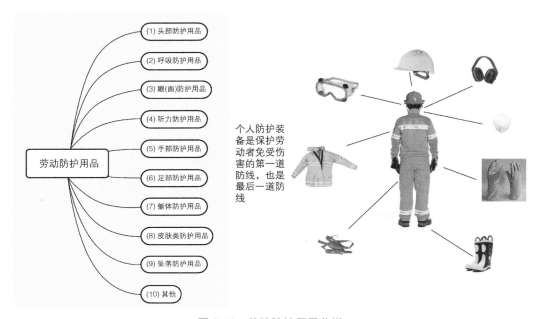

图 2-11　劳动防护用品分类

第六节　工伤保险

一、工伤保险保费自己要承担吗

工伤保险是由国家立法保证实施的一项社会保险制度，当劳动者因工作受伤致残，暂时或永久丧失劳动能力以及死亡时，都有权享受工伤保险待遇，接受由国家及社会提供的医疗救治和必要的经济补偿。工伤保险保费由用人单位为个人缴纳，劳动者自身不缴纳保费。如图 2-12 所示，工伤保险是一种安全管理的补救措施。

图 2-12　工伤保险是一种补救措施

二、工伤判定

> 提问：汽车维修技师小王，在上班途中，被一违章行驶的车辆撞伤而丧失劳动能力。小王的伤情可以认定为工伤吗？

按照我国工伤保险条例第十四条中的定义，职工有下列情形之一的，应当认定为工伤：

1）在工作时间和工作场所内，因工作原因受到事故伤害的。

2）工作时间前后在工作场所内，从事与工作有关的预备性或者收尾性工作受到事故伤害的。

3）在工作时间和工作场所内，因履行工作职责受到暴力等意外伤害的。

4）患职业病的。

5）因工外出期间，由于工作原因受到伤害或者发生事故下落不明的。

6）在上下班途中，受到非本人主要责任的交通事故或者城市轨道交通、客运轮渡、火车事故伤害的。

7）法律、行政法规规定应当认定为工伤的其他情形。

> 第十五条：职工有下列情形之一的，视同工伤
> ① 在工作时间和工作岗位，突发疾病死亡或者在 48 小时之内经抢救无效死亡的。
> ② 在抢险救灾等维护国家利益活动中受到伤害的。
> ③ 职工原在军队服役，因战、因公负伤致残，已取得革命伤残军人证，到用人单位后旧伤复发的。

> 注意：与工作相关的活动场所内发生的伤害都属于工伤，不限于伤害发生地必须是厂区。因此上述案例中小王的伤情可以被认定为工伤。

三、工伤的伤残等级和赔付标准

发生在员工身上的伤害是不是工伤，伤害至什么程度，需要按一定的程序由专门的机构去鉴定。伤残的赔偿标准须按标准计算，表 2-1 给出了江苏省工伤伤残等级和赔付标准参考示例，具体标准要咨询当地的社保局。

表 2-1　江苏省工伤赔偿一览表

赔偿项目	赔偿标准	赔偿机构
医疗费	按工伤保险诊疗项目目录、工伤保险药品目录、工伤保险住院服务标准支付。 【依据：《工伤保险条例》第三十条。】	工伤保险基金
伙食补助费	由统筹地区人民政府规定。 【依据：《工伤保险条例》第三十条。】	工伤保险基金
交通、食宿费	到统筹地区以外就医产生，由统筹地区人民政府规定。 【依据：《工伤保险条例》第三十条。（两地往返交通费凭据报销）。】	工伤保险基金
康复治疗费	须到签订服务协议的医疗机构治疗，按工伤保险诊疗项目目录、工伤保险药品目录、工伤保险住院服务标准支付。 【依据：《工伤保险条例》第三十条。】	工伤保险基金

（续）

赔偿项目	赔偿标准	赔偿机构
工伤医疗期工资	工资福利待遇不变，不超过 24 个月。 【依据：《工伤保险条例》第三十三条。】	用人单位
生活护理费	生活护理费分为评残前和评残后，评残前（住院）经医院开具证明由用人单位负责护理，如未护理按照当地护工的工资支付；评残后按照生活完全不能自理、生活大部分不能自理或者生活部分不能自理 3 个不同等级支付，其标准分别为统筹地区上年度职工月平均工资的 50%、40% 或者 30%，按月支付。 【依据：《工伤保险条例》第三十四条。】	工伤保险基金
辅助器具费	经劳动能力鉴定委员会确认，按照国家规定的标准从工伤保险基金支付。 【依据：《工伤保险条例》第三十二条。】	工伤保险基金
一次性伤残补助金	一级伤残为 27 个月的本人工资； 二级伤残为 25 个月的本人工资； 三级伤残为 23 个月的本人工资； 四级伤残为 21 个月的本人工资； 五级伤残为 18 个月的本人工资； 六级伤残为 16 个月的本人工资； 七级伤残为 13 个月的本人工资； 八级伤残为 11 个月的本人工资； 九级伤残为 9 个月的本人工资； 十级伤残为 7 个月的本人工资。 【依据：《工伤保险条例》第三十五、三十六、三十七条。】	工伤保险基金
伤残津贴	一级伤残为本人工资的 90% 二级伤残为本人工资的 85% 三级伤残为本人工资的 80% 四级伤残为本人工资的 75% 伤残津贴实际金额低于当地最低工资标准的，补足差额。 【依据：《工伤保险条例》第三十五条。】	工伤保险基金
	五级、六级伤残，保留劳动关系，由用人单位安排适当工作。 难以安排工作的，按月发给伤残津贴。五级伤残为本人工资的 70%，六级伤残为本人工资的 60%。 伤残津贴实际金额低于当地最低工资标准的，补足差额。 【依据：《工伤保险条例》第三十六条。】	用人单位
一次性伤残医疗补助金	由省、自治区、直辖市人民政府规定。（江苏省标准） 五级 20 万元，六级 16 万元，七级 12 万元，八级 8 万元，九级 5 万元，十级 3 万元。 患职业病的工伤职工，一次性工伤医疗补助金在上述标准的基础上增发 40%。 【依据：《江苏省工伤保险条例》第二十七条。】	工伤保险基金
一次性伤残就业补助金	由省、自治区、直辖市人民政府规定。（江苏省标准） 五级 9.5 万元，六级 8.5 万元，七级 4.5 万元，八级 3.5 万元，九级 2.5 万元，十级 1.5 万元。 【依据：《江苏省工伤保险条例》第二十七条。】	用人单位
丧葬补助金	6 个月的统筹地区上年度职工月平均工资。 【依据：《工伤保险条例》第三十九条。】	工伤保险基金
供养亲属抚恤金	配偶每月 40%，其他亲属每人每月 30%，孤寡老人或者孤儿每人每月在上述标准的基础上增加 10%。核定的各供养亲属的抚恤金之和不应高于因工死亡职工生前的工资。 【依据：《工伤保险条例》第三十九条。】	工伤保险基金

（续）

赔偿项目	赔偿标准	赔偿机构
一次性工亡补助金	上一年度全国城镇居民人均可支配收入的 20 倍。 【依据：《工伤保险条例》第三十九条。】	工伤保险基金
下落不明供养亲属抚恤金	配偶每月 40%，其他亲属每人每月 30%，孤寡老人或者孤儿每人每月在上述标准的基础上增加 10%。核定的各供养亲属的抚恤金之和不应高于因工死亡职工生前的工资。 【依据：《工伤保险条例》第四十一条。】	工伤保险基金

注：本标准以江苏省为例，全国其他省市请参考当地标准。

四、工伤事故索赔时效期

工伤事故的索赔流程如图 2-13 所示。注意工伤索赔是有时效的。

工伤发生以后，要在规定时间内申请工伤认定和索赔，否则将失去补偿的权利。

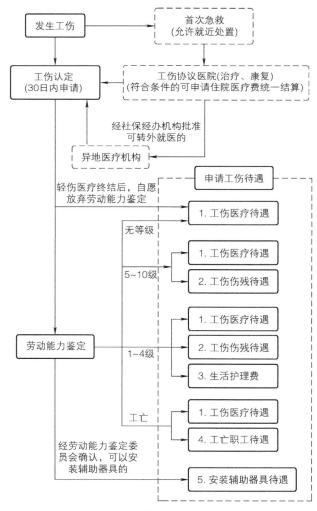

图 2-13　工伤事故的索赔流程

工伤事故待遇支付流程如图 2-14 所示。

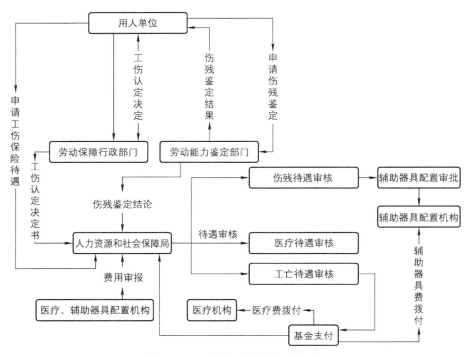

图 2-14　工伤事故待遇支付流程

第七节　技能类和从业资格类证书

人们经常把从业资格类证书与技能类证书混淆。维修人员的技能证书是体现专业技术水平的，用于评价维修人员的技术能力，属于水平类证书，而从业资格类证书是行业就业的准入许可，比如低压电工证，是法律规定从事电工作业的资格认证。

我国按照职业的风险等级（图 2-15）进行职业准入管理。这些等级分为高危行业作业（比如矿山、建筑施工企业的作业）、特种设备操作作业、特种作业和新能源汽车维修电工作业。下面主要介绍关于特种设备操作作业和特种作业这 2 种职业在安全方面的从业许可。

图 2-15　职业风险等级

一、特种设备操作人员

特种设备操作人员须持证上岗。

1. 特种设备的定义

与一般设备相比，特种设备的不同之处在于危险性。在《特种设备安全法》中所称的特种设备是指：对人身和财产安全有较大危险性的锅炉、压力容器（含气瓶，下同）、压力管道、电梯、起重机械、客运索道、大型游乐设施和场（厂）内专用机动车辆，以及法律、行政法规规定适用本法的其他特种设备。

锅炉、压力容器、电梯、起重机械、客运索道、大型游乐设施、场（厂）内专用机动车辆的操作人员及其相关管理人员称为特种设备作业人员。特种设备操作人员上岗证样本如图 2-16 所示。汽车修理行业内电梯操作人员、叉车操作人员需要培训上岗。

从事特种设备作业的人员必须经过培训考核合格取得《特种设备作业人员证》（图 2-16），方可从事相应的作业。而且特种设备作业人员证都要复审，不同作业的复审年限有所不同。

图 2-16　特种设备作业人员上岗证样本

2. 特种设备作业人员资格认定分类与项目

特种设备作业的分类见表 2-2。

表 2-2　特种设备作业分类

序号	种　类	作业项目	项目代号
1	特种设备安全管理	特种设备安全管理	A
2	锅炉作业	工业锅炉司炉	G1
		电站锅炉司炉	G2
		锅炉水处理	G3
3	压力容器作业	快开门式压力容器操作	R1
		移动式压力容器充装	R2
		氧舱维护保养	R3
4	气瓶作业	气瓶充装	P
5	电梯作业	电梯修理①	T
6	起重机作业	起重机指挥	Q1
		起重机司机②	Q2
7	客运索道作业	客运索道修理	S1
		客运索道司机	S2
8	大型游乐设施作业	大型游乐设施修理	Y1
		大型游乐设施操作	Y2
9	场（厂）内专用机动车辆作业	叉车司机	N1
		观光车和观光列车司机	N2
10	安全附件维修作业	安全阀校验	F
11	特种设备焊接作业	金属焊接操作	③
		非金属焊接操作	—

① 电梯修理作业项目包括修理和维护保养作业。

② 可根据报考人员的申请需求进行范围限制，具体明确限制为桥式起重机司机、门式起重机司机、塔式起重机司机、门座式起重机司机、缆索式起重机司机、流动式起重机（图 2-17）司机和升降机司机，如"起重机司机（限桥门式起重机）"等。

③ 特种设备焊接作业人员代号按照《特种设备焊接操作人员考核规则》的规定执行。

图 2-17　汽车行业使用的流动式起重机

二、特种作业人员

除操作特种设备需要持证上岗外，还有一种作业，虽然其设备的危险性不大，但是作业内容有一定的危险。这类作业被称为特种作业。

根据应急管理部相关文件规定，特种作业是指容易发生人员伤亡事故，对操作者本人、他人及周围设施的安全可能造成重大危害的作业。直接从事特种作业的人员和相关管理人员统称为特种作业人员。某种作业是否是特种作业，由国家应急管理部划分。特种作业人员也需要持证上岗。

新能源汽车维修人员，在美、日、德国家已经被列入特种作业范围内。

特种作业人员必须接受与本工种相适应的、专门的安全技术培训，经安全技术理论考核和实际操作技能考核合格，取得特种作业操作证（图 2-18）后方可上岗作业；未经培训或培训考核不合格者，不得上岗作业。特种作业人员培训考核实行教考分离制度，国家安全监督管理局负责组织制定特种作业人员培训大纲及考核标准，推荐使用教材。培训机构按照国家制定的培训大纲和推荐使用的教材组织开展培训。各省级安全生产监督管理部门、煤矿安全监察机构或其委托的有资质的单位，根据国家制定的考核标准组织开展考核。

特种作业操作证由中华人民共和国应急管理部监制，各省级安全生产监督管理部门、煤矿安全监察机构负责签发。特种作业操作证在全国通用。特种作业操作证不得伪造、涂改、转借或转让。

图 2-18　特种作业人员证书样式

第一节　不能识别风险是最大的风险

根据《职业健康安全管理体系》（GB/T 28001—2011）中给出的定义，危险源（Hazard）是指可能导致人身伤害和（或）健康损害的根源、状态或行为，或其组合。安全生产管理的第一项任务就是找出自己单位的风险源（这个找出的动作英文叫 Hazard Identification and Assessment）。这个定义很抽象，不容易记住，下面把危险源再进一步细分、细化、就会贴近实际工作了。

根据第一章讲过的事故发生致因理论，这里把危险源划分为第一类危险源（客体——能量或危险物质）和第二类危险源（非客体——导致能量或危险物质意外释放或泄漏的因素）。

一、牢记第一类危险源

第一类危险源是事故发生的内因。在生产现场，产生能量的能量源或拥有能量的能量载体，有害物质以及载有有害物质的载体，都属于第一类危险源。

第一类危险源的危险性，与有害物质数量的多少、能量强度的大小有密切关系。第一类危险源具有的有害物质或能量越多，一旦发生事故其后果就越严重；反之，当其处于低能量状态时比较安全。

新能源汽车维修行业常见的第一类危险源：

（1）产生、供给能量的装置设备

如充电站的变电所、充电站（图 3-1）、储能蓄电池（图 3-2）等。

图 3-1　充电站　　　　　　　图 3-2　电动汽车的能量供给装置（储能蓄电池）

（2）使人体或物体具有较高势能的装置、设备或场所

如汽车抛光登高作业（图 3-3）、汽车举升作业（图 3-4）等，其作业装置就具有较高的势能。

图 3-3　汽车抛光登高作业　　　　　　　图 3-4　汽车举升作业

（3）有害物质和能量载体

如运动中的车辆、机加工设备的运动部件，如台式钻床（图3-5）、台式砂轮机（图3-6）、车床（图3-7）、台式抛光机（图3-8）、危险化学品运输车辆事故车救援吊起的车辆等。

图 3-5　台式钻床

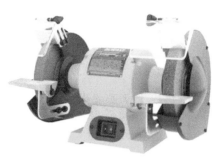

图 3-6　台式砂轮机

图 3-7　车床

图 3-8　台式抛光机

（4）一旦失控可能产生巨大能量的装置、设备、场所

如燃料电池汽车的储氢罐、LNG储罐等，维修车间中为气动工具提供高压气体的空气压缩机（图3-9），钣喷车间焊接时用的氧气瓶和乙炔瓶（图3-10）等。

图 3-9　修理厂用空气压缩机

图 3-10　钣喷车间用的氧气瓶和乙炔瓶

（5）一旦失控可能发生巨大能量蓄积或突然释放的装置、设备或场所

这类装置很多，如图3-11所示的车上的安全气囊、安全带张紧器、空气悬架等。

（6）危险物质

危险物质有如汽油（图3-12）、柴油、锂电池电解液、氢燃料电池汽车（图3-13）上所用的压缩氢、涂装用的有机溶剂等。

汽车维修中涉及的化学危险物质是易燃、有毒、有害及有腐蚀特性，对人员、设施、环境造成伤害或损害的化学品。

图 3-11　车内部件

图 3-12　车用汽油

驱动电机

燃料电池升压器

氢燃料电池堆

高压储氢罐

高压储氢罐

蓄电池组

图 3-13　氢燃料电池汽车

（7）生产、加工、储存危险物质的装置、设备或场所

这类场所如加油站（图3-14）、加气站（液化天然气加气站如图3-15所示）、电池厂等。

图 3-14　加油站

图 3-15　液化天然气加气站

（8）人体一旦与之接触，将导致能量向人体意外释放的物体

这类物体如锐利的毛刺、棱角等，与人体碰撞时，其动能意外释放，使人体受到伤害，如旋转的正时带（图 3-16）、旋转的散热器电子扇（图 3-17）等。

危险是抽象的状态，而危险源是具体的、有形的设备设施和场所，我们要记住这些物体和场所。

图 3-16　正时带

图 3-17　散热器电子扇

二、管住第二类危险源

第二类危险源是导致事故发生的外因，是指导致约束/限制能量的措施（屏蔽）失控、失效或损坏的各种不安全因素。在设计、安装和使用时我们针对第一类危险源会采取一系列的防范措施，第二类危险源就是对这些防范措施的人为的和自然的破坏。

前面讲解系统安全模型时已提到，使有害物质或能量的约束/限制措施失效、损坏的原因包括人、机（物）、环境和管理缺陷四个方面的因素。

1. 人的不安全行为

人的动作失误可能直接破坏对第一类危险源的控制；人的失误也可能造成物的安全功能故障，进而导致事故发生。这里讲的失误而不是主观故意，比如清洗汽车油箱时导致汽油着火与故意将油箱点燃是两个性质的问题，故意就是犯罪了。

GB 6441—1986《企业职工伤亡事故分类标准》中将人的不安全行为分为 13 大类：

1）操作错误、忽视安全、忽视警告，比如行车转弯时不打转向灯。

2）造成安全装置失效，比如制动蹄片磨损超过极限。

3）使用不安全设备，比如不使用符合规定的仪器仪表。

4）用手代替工具操作，比如应使用工具操作时，用手去操作。

5）物体（成品、材料、工具等）存放不当，比如汽油、有机溶剂、制冷剂、机油等存放不当。

6）冒险进入危险场所，比如非高压电工进入电动汽车维修工位。

7）攀、坐不安全位置，比如幼儿坐在前排乘客座椅的位置上。

8）在起吊物下作业、停留，比如在吊起的电池舱下停留。

9）机器运转时进行加油、修理、检查、调整、焊接、清扫等工作，比如在发动机运转的状态下给发动机加注机油。

10）有分散注意力的行为，比如驾驶车辆时玩手机。

11）在必须使用个人防护用品用具的作业或场所中，忽视其使用，比如拆装电池包时不佩戴绝缘手套。

12）不安全装束，比如在维修电动汽车高压电池组时，未戴绝缘手套。

13）对易燃易爆等危险物品处理错误，比如将报废电池丢置在垃圾堆中。

2. 物的不安全状态

物（是指设备附属的安全装置或机构，而不是设备车身）的不安全状态，是指安全措施由于性能低下而不能实现预定功能的现象，其实是某种故障状态。物的故障可使约束、限制有害物质或能量的措施失效而发生事故。这里主要是指由于产品设计缺陷、质量缺陷、产品的磨损和老化导致原有的功能丧失。

GB 6441—1986《企业职工伤亡事故分类》中将物的不安全状态分为四大类：

1）防护、保险、信号等装置（图 3-18）缺乏或有缺陷，比如充电桩漏电保护器的失效。

2）设备、设施、工具、附件有缺陷，比如漏电保护装置上的耐电压等级不满足要求。

3）个人防护用品用具——防护服、手套、护目镜及面罩、呼吸器官护具、听力护具、安全带、安全帽、安全鞋（图 3-19）等缺少或有缺陷，比如失效的绝缘手套。

4）生产（施工）场地环境不良。

图 3-18　氧气瓶上的气压指示和逆回阀

图 3-19　焊工用防护用品

3. 环境因素

环境因素主要是指系统运行的环境因素，如温（湿）度、照明、粉尘、通风、噪声和振动等物理环境，企业和设备等软环境。

生产的基础环境（如照明光线不良、通风不良、作业场所狭窄、环境温湿度不当等）是在工厂筹建时就形成的，也有的是生产过程现场管理不善带来的问题，比如作业场地杂乱、路面有深坑（图 3-20 所示的道路上的深井）、交通线路的配置不安全（图 3-21）、操作工序设计或配置不安全、地面滑、物料储存方法不安全等。

图 3-20　道路上有深井

图 3-21　车间内道路规划

图 3-22 所示为在生产过程中，木料加工产生了超标的噪声。这是由于建筑设计者在进行厂房设计时没有考虑到降噪处理。建筑施工完成后，在生产环节中是很难改变和消除这种状况的。

4. 安全管理缺陷

安全管理缺陷是指当人 - 机（物）- 环境的安排上出现失误，在"硬件"上不能使机器和环境保障人的安全，在软件上没有制定人 - 机（物）的交互规则或制定的规则被违反而不能实施，不能消除机对人的伤害。人的安全行为是指为了实现安全作业，作为个体必须实现的行为。但是人的注意力持续时间有限，人也会因疲劳导致不能集中注意力，这种错误需要通过管理措施来纠正，同时从组织管理上还要保障

图 3-22　木料加工产生噪声

从业人员懂得怎么做，知道为什么这样做，即使做错也能及时纠正作业中的错误行为——不管就是不作为。

1）工程设计使用的材料有问题、未达到质量要求等，造成物的不安全状态。

2）安全管理不科学，安全组织不健全，安全生产责任制不明确或贯彻不力。

3）安全工作流于形式，出了事故抓一抓，上级检查抓一抓，平常无人负责，没有施行PDCA闭环管理。安全措施不落实，不认真贯彻安全生产的方针。

4）对职工不进行思想教育，劳动纪律松弛。

5）忽略防护措施，机器设备无防护保险装置，不对防护装置保养维护，安全信号失灵，通风照明不符合要求，安全工具不齐备，存在的隐患没有及时消除。

6）分配工人工作缺乏适当程序，用人不当，无证上岗，无安全票作业管理制度。

7）安全教育和技术培训不足或流于形式，对新工人的安全教育不落实。

8）安全规程、劳动保护法规实施不力，贯彻不彻底，没有做到横向到边、纵向到底。

9）事故应急预案不落实，对事故报告不及时，调查、处理不当，法制观念不强，执法不严等。

第二节　确认风险

一、风险辨识——万事开头难

安全管理在事前管理的重点就是风险辨识、分级管控。我国把风险分级管控和隐患排查治理称为双重预防机制。风险辨识与隐患排查的流程如图 3-23 所示。

风险辨识是指对具体的某个企业（而不是行业）的风险点进行排查、找出失控事故的类型计算出其风险度、制定防控措施的过程。

二、风险分级——抓重点

风险是按照风险度数值的大小进行分级的，分级的目的是便于抓住重点，把有限的资源投入到最危险、最紧迫的隐患治理工作上。目前我国还没有专门针对汽车维修企业的风险分级方法，这里以日本汽车维修企业风险度划分标准为参考，按照整改的紧迫性排序，见表 3-1。

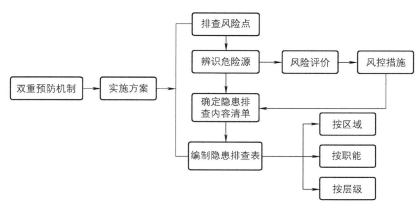

图 3-23 双重预防的实施方案

表 3-1 汽车维修企业风险分级表

风险	危险度	优 先 级
Ⅳ	12~20	有必要立即实施风险降低措施（立即停止或改善工作）
Ⅲ	9~11	有必要迅速实施风险降低措施（需要尽快改善工作）
Ⅱ	6~8	有必要有计划地实施风险降低措施（工作需要改善）
Ⅰ	5以下	必要时实施风险降低措施（根据剩余的风险，必要时实施教育和人员调配）

三、危险度的计算

危险度的计算模型有很多，不同模型对不同行业的有效性不同。日本汽车维修作业危险性的评估模型比较适合汽车修理厂的安全事故的特点。危险度与事故发生的频率、发生事故后逃脱的可能性、发生事故产生的后果严重性三个要素有关，日本把危险度定义为三要素的和：

危险度 = 事故发生的频率（表3-2）+ 发生事故后逃脱的可能性（表3-3）+
发生事故产生的后果严重性（表3-4）

表 3-2 事件发生的频率分值

频 率	分 值	标 准
频繁	4	10次作业里1次有事故隐患
偶尔	2	50次作业里1次有事故隐患
很少	1	100次作业里1次有事故隐患

注意：这里说的事故发生的频率，不是每天做这类事的频率，而是指作业时发生事故的频率。我们还是用前面举过的清洗汽油箱的案例予以说明：在清洗油箱时，需要把油箱中剩余的汽油倒出，作业时要求不能使用绝缘型的塑料桶盛装汽油，汽油挥发的空间中，要防止火源和静电。如果我们每100次清洁作业时有一次没有按上述要求去操作，频率值就取1，如果每50次作业中有一次违规操作，频率值就取2。

表 3-3　发生事故后逃脱的可能性

可能性	分 值	标 准
极高	6	即使意识到危险，也躲避不了
高	4	即使意识到危险，躲避的可能性也不大
比较低	2	如果意识到危险，则躲避的可能性很大
低	1	如果注意到危险，则基本上可以避免

比如汽车行驶中一旦发生了侧滑，即使你意识到车辆在侧滑，你也没有能力改变汽车的方向，因此侧滑隐患的取值为 6。又如汽车行驶过程中轮胎由于频繁的制动过热而冒烟，当你看到前轮冒烟时，你是有机会弃车躲避火灾的，因此轮胎过热引起的火灾事故隐患的取值为 2。

比如由于某次不规范作业导致肌肉拉伤、灼伤，需要休三个月病假，这时的取值就小一些，根据表 3-4 取值为 6；如果事故导致中毒、脑震荡、窒息等的后果使人死亡或永久性丧失劳动能力，则根据表 3-4 取值为 10。

表 3-4　发生事故产生的后果严重性判定准则

严重性	分值	标 准
致命伤	10	死亡或永久性丧失劳动能力，或者评残
重伤	6	需要休病假的伤害（可以痊愈的伤）
轻伤	3	不病休的伤害（需要医生采取治疗措施的伤病）
轻微伤	1	受伤后能立即恢复工作的轻微伤

【示例】　使用危险度计算公式来计算拆装电池时物体打击人体的危险度

① 事件发生的频率：拆装电池包时发生扳手脱手的频率不高，按 100 次作业扳手脱手一次计算，可取值为 1。

② 逃脱的可能性：发生脱手后，扳手落在电池上，导致电池短路，扳手上会流过大电流，导致扳手边缘金属受电击破碎，金属碎片飞向修理人员的眼部。修理人员躲避被击中的可能性几乎没有，所以可能性取值为 6。

③ 严重性：脱手的扳手一旦使电池短路，巨大的短路电流就会把金属边缘打碎，碎片会伤到眼球，导致永久残疾，所以严重性取值为 10。

上述三项相加和为 17，根据表 3-1，该项作业的危险度为 17，属于第四级，需要马上采取措施。如果修理人员进行拆装作业时戴了护目镜，那么飞出的金属碎片只会伤到皮肤造成轻微伤，到医院处理一下就可以了，严重性降到 3。尽管频次和可能性的值没有变，但危险度降为 10，属于第三级。如果进一步要求作业时采用绝缘扳手，那么严重性取值会降到 1，危险度可以降到二级。

在辨识和评估实际工作中，要把每一个风险点的所有伤害形式都找出来（20 种伤害类型见表 1-1），然后评估每种伤害形式相应地技术措施，如消除能量、技术防护、加强管理、增强防护等。通过这样的思路，就可以实实在在地把作业的危险度降下来。

第三节　风险分级管控

行业不同、企业不同，事故发生的频率、事故发生后逃脱的可逃脱性、发生事故产生的后果严重性的定义和取值均有所不同，要根据自己单位的实际情况进行调整和修正。比如：我们可以在严重性中加入火灾的项目，给火灾事件 10 分的分值。

一、风险等级划分原则

安全风险分级管控是指按照风险的不同级别、所需管控资源、管控能力、管控措施复杂及难易程度等因素来确定不同管控层级的风险管控方式，如图 3-24 所示。

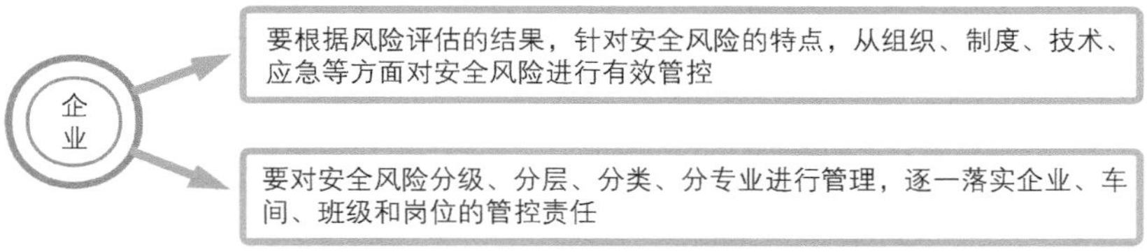

要根据风险评估的结果，针对安全风险的特点，从组织、制度、技术、应急等方面对安全风险进行有效管控

要对安全风险分级、分层、分类、分专业进行管理，逐一落实企业、车间、班级和岗位的管控责任

图 3-24 维修汽车风险等级划分原则

风险分级管控应遵循风险越高、管控层级越高的原则，对于操作难度大、技术含量高、风险等级高、可能导致严重后果的作业活动应重点进行管控。

上一级负责管控的风险，下一级必须同时负责管控，并逐级落实具体措施。

风险管控层级可进行增加或合并，企业应根据风险分级管控的基本原则，结合本单位机构设置情况，合理确定各级风险的管控层级（表 3-5）。

表 3-5 某省公交企业风险等级划分表

等级	标识颜色	危险程度	管控责任单位
1 级	红色	极其危险	属于重大风险，由公司具体组织落实控制管理。公司重点控制管理，由安全主管部门和各职能部门根据职责分工具体落实
2 级	橙色	高度危险	属于较大风险，部室（车间上级单位）关注并负责控制管理，由所属车间、科室具体落实
3 级	黄色	显著危险	属于一般风险，由公司的基层工段，比如钣喷工段、快修工段的负责人监督检查
4 级	蓝色	轻度危险	属于低风险，由班组、岗位管控，每次作业前班长要给予提醒，在下属作业时监督检查

新能源网约车公司、新能源出租车公司可以根据自己公司的组织架构划分管理等级，大型的 4S 店可以分 4 级或 3 级进行分级管控，小型修理厂可以分 2 级进行分级管控。

二、日本维修企业事故伤害类别

日本维修企业事故伤害类别见表 1-1，其分类比较细，比较符合维修企业的实际情况。在实际工作中大家可以根据需要采用不同的分类方法进行统计。

三、汽车维修作业的风险辨识

下面对汽车维修企业常见的事故类型进行分析，这里给出了汽车维修企业常见的 14 个风险点，150 类常见事故伤害类型，这是全书的重点内容之一。请读者一定要认真理解并记住每种事故发生的起因物和致害物。

1. 与举升作业相关的事故

先熟悉一下常见的举升机（单柱、双柱、四柱、剪式）的型号和分类，见表3-6。

表 3-6　维修企业常用举升机型号

分类	子类	按动力源分类	按结构分类	按重心分类
A	单柱举升机	—	—	—
B	双柱举升机（图 3-25）	机械式	底板式	对称式
		液压类	龙门式（图 3-26）	非对称式
		—	移动式（图 3-27）	—
C	四柱举升机（图 3-28）	普通式	—	—
		四轮定位专用式	—	—
D	剪式举升机	大剪式（图 3-29）	普通式	—
			四轮定位专用	—
		小剪式（图 3-30）	藏地式	—
			超薄式	—

　　与举升机相关的常见事故类型有三种分别是：车辆、零部件、工具、举升臂从高处坠落，与运动中的车辆、举升机碰撞，被运动的举升机挤压，这三种类型的伤害，事故通常会发生在车辆固定、车辆上升、车辆高空滞留、车辆下降等不同的阶段。

　　如图 3-31 所示，举升作业时保持汽车的重心与举升臂的支撑中心点重合是安全的关键。

图 3-25　双柱举升机

图 3-26　双柱龙门式举升机

图 3-27　移动式双柱举升机

图 3-28　四柱举升机

图 3-29　大剪式（子母）举升机　　　　　　　图 3-30　小剪式举升机

图 3-31　举升机控制重心平衡

举升机举升设置阶段常见事故见表 3-7，主要是对技师手部的挤压和重物落下导致的伤害。

表 3-7　举升机举升设置阶段常见事故

序号	示 例
1	在 A 技师调整支撑臂上的托盘橡胶座时，B 技师误按下了举升机上升按钮，导致将 A 技师的手夹在橡胶座和车辆之间，骨折。解决方法：一个人进行设置和操控
2	当 A 技师固定举升臂时，B 技师不小心按下举升键，导致做固定操作的 A 技师的手被夹伤，手指骨折。解决方法：一个人进行设置和操控
3	看到举升机两侧举升臂的高度不一致，试图用手去扳动它，导致举升臂坠落在其脚上，骨折。解决方法：改进结构
4	车辆在驶入四轮定位的大剪式举升机时，转角盘不慎坠落在操作人员的脚上导致脚部淤血。解决方法：改进结构

举升机：上升阶段的主要危险是被举升车辆在上升过程中失去平衡或举升机由于故障失去了举升力，车辆坠落砸人致死。举升机举升阶段常见事故见表 3-8。

表 3-8 举升机举升阶段常见事故

序号	示例
1	在举升车辆的过程中，车辆从升降台上滑下来。A 技师看到后试图用手按住车辆来维持其平衡，被坠落的车辆轧过
2	举升机上升过程中，车辆失去平衡，车辆坠落砸到旁边站立的技师 B，导致技师 B 死亡
3	剪式举升机上升时，由于没有使用橡胶块缓冲，举升机的顶车板撞到车辆，车辆的前上支臂脱开，坠落，车辆的前轮落在技师 A 的脚上，致其骨折
4	使用四柱举升机或双柱举升机举升车辆时，举升臂脱落，导致车辆坠落，压在师技 A 身上，导致师技 A 死亡
5	某车的宽度刚好与四柱举升机的宽度接近，车辆开上升降台后，左右车轮位置有偏置，车辆在举升机上升过程中坠落，致使技师死亡
6	由于支撑点选择错误，稳定性不好，技师在用举升机举升车辆的时候，车辆坠落，致使技师被压致死
7	技师疏忽了对举升机日常检查和定期检查，未发现举升机举升支臂破损，致使举升工作中车辆坠落，技师被夹在车辆之间，死亡
8	X 型举升机左右支臂使用了不同的橡胶块，被举升车辆的平衡被破坏，车辆在升高时坠落，致使技师被夹在车辆之间，死亡
9	举升机原配置的插销破损后，工人用同样大小的木材代替，致使被举升的车辆坠落，举升机旁边作业的技师被车辆夹住，死亡
10	剪式举升机没有避振装置，车辆升高时发生翻滚，车辆坠落，工作人员被夹在车辆中，死亡
11	被举升的车辆上没有装轮胎（没有驻车制动），在 X 型举升机上，车辆发生了移动，技师被夹在车辆中间，头部被磕碰
12	由于钢丝绳变形，举升机不水平，被举升起的车辆因为没有驻车制动而向后移动，后部车轮脱离举升机轨道，操作工人在逃离危险时不小心将腰部扭伤
13	在举升机上升作业过程中，工位地板上有滚动零件，路过的工人被绊倒，脚踝扭伤

举升机举升到位后，工人在车下作业时，任何形式的车辆突然下降，无论是人为操作导致的，还是机械传动系统失效、液压系统或安全锁止系统故障导致的，都会造成车辆下方的维修人员重伤。举升机举升到位后技师在车下作业时常见的事故见表 3-9。

表 3-9 举升机举升到位后技师在车下作业时常见的事故

序号	示例
1	技师 A 正在举升车辆下进行检验作业时，技师 B 进行了下降操作，致使技师 A 腿被举升机支臂夹住，骨折
2	当技师 A 在举升车辆下维修车辆时，技师 B 操作举升机遥控器使车辆下降。技师 A 被压在车辆下，死亡
3	在升降车辆时，由于没有及时更换破损的电缆，使举升机的升力下降，升起的高度不能保持，安全装置又因故障不起作用，擦伤车下作业技师的头部和后背
4	使用地埋二柱举升机将车辆升起后，技师进行拆装作业时，车辆坠落到其身上，致其死亡
5	使用四柱举升机将车辆举升后，技师试图拆下车轮，作业时车辆移动，后轮坠落，砸在技师肩上，致其肩胛骨骨折
6	重要安全部件（链条、电线等）已经超过了寿命期，没有更换，被举升的车辆突然落下，车下维修人员被压，死亡
7	因操作不当，被举升的车辆开始坠落，技师本来可以逃脱，却试图用手抓住汽车，结果随车辆一同掉落在地面上，技师被砸中，死亡
8	载货车停放在剪式举升机上，当预升起时，技师 A 打开驾驶室，车辆先向前倾倒，后坠落，撞到车辆前方技师 B 的身体，致其死亡
9	车辆被举升时，车身因摇晃而落下，车下的技师被车辆夹住，死亡

（续）

序号	示 例
10	进行举升作业时，尘土从车辆下方掉落，由于技师没有戴防护眼镜，掉落的尘土伤到眼球
11	泄漏的电池电解液腐蚀了举升机的链条和电线。举升机举升过程中，链条断裂导致车辆坠落；车辆砸到技师，致其死亡
12	在故障状态下，防止掉落用的安全装置受力，导致钢丝绳索断开，被举升的车辆坠落，在车下的技师被砸，死亡
13	在二柱式举升机上，车辆放置的方向反向（短臂和长臂的方向），破坏了重心平衡，导致车辆坠落，技师被车辆夹住，死亡
14	维修举升机液压系统时，当技师拔出油尺检查油位时，油尺在油箱内空气压力的作用下飞出，击中技师的头部使其死亡
15	维修与保养不当导致举升机液压控制阀漏油，安全装置失效。两位技师在被举升的车辆下拆装差速器时，举升机突然下降，技师与车辆碰撞，头骨骨折
16	载货车被举升机升起后，技师躺在板车上进行维修作业，后背不小心误触举升机的压力开关，导致举升机下落，技师锁骨骨折

下降阶段的主要伤害是误伤自己或他人。举升机下降时常见的事故类型见表 3-10。

表 3-10 举升机下降时常见的事故类型

序号	示 例
1	技师 A 在操作下降举升机，而技师 B 不知道。下降的车辆夹住技师 B 的腿，致其骨折
2	技师在降下地埋式举升机时，眼睛看别处，自己的脚放在举升机支臂下面，被下降的举升机支臂压住，骨折
3	在车辆被举升后，为了拆装变速器，技师在变速器下放置了一个支撑杆。该支撑杆在车辆降落时，破坏了车辆的平衡，导致车辆坠落而砸到旁边的技师，致其死亡
4	举升机下降时，附近作业的人没有注意到举升机下降了，头部被撞伤

2. 与千斤顶举升作业相关的事故

维修作业中常用的千斤顶有车库千斤顶、液压千斤顶、随车千斤顶、发动机举升机和变速器举升机，如图 3-32~图 3-36 所示，抬发动机用的支撑架如图 3-37 所示，与千斤顶配合使用的刚性支架如图 3-38 所示。当千斤顶把车身抬高后，要把刚性支架垫在车下方，防止千斤顶意外下落。

图 3-32 车库千斤顶

图 3-33 液压千斤顶

图 3-34　随车千斤顶

图 3-35　发动机举升机

图 3-36　变速器举升机

图 3-37　抬发动机用的支撑架

图 3-38　刚性支架

　　与千斤顶相关的事故主要是千斤顶意外下落导致的人身伤害，导致千斤顶意外下落的原因，如千斤顶故障、千斤顶杠杆被意外操作、千斤顶支撑地基不牢、千斤顶过载使用等，见表 3-11。防范措施主要有对员工进行专项培训、设置工位警示，以及配备保护刚性支架等。

表 3-11 与千斤顶相关的事故类型

序号	示 例
1	因为是短时间作业，所以技师 A 用卧式千斤顶把车辆升起后没有使用刚性支架，技师 B 无意触碰到千斤顶的下降杆，使得车辆下降，正在进行维修作业的技师 A 被压在车辆和地面之间，死亡
2	技师在维修车辆时，使用卧式千斤顶抬举车辆后，因为没有使用刚性支架支撑车辆，车辆不平衡而从千斤顶上脱下，技师被压在车底，死亡
3	技师用千斤顶抬起车辆调整后轮制动盘时，千斤顶意外下落，车身碰到技师的头部，致其死亡
4	车辆被抬起后，升降手柄没有收起，旁边有车辆经过时，意外碰到升降手柄，导致千斤顶意外下落，技师被压在车下，身亡
5	被举升的变速器的重量大于举升设备允许的最大载重量，变速器坠落，致技师死亡
6	拆卸发动机时，因拆装方法不当，发动机从千斤顶落下，其排气歧管砸断技师的手臂
7	拆卸轮胎时，千斤顶举升过高，破坏了被举升车身的平衡，导致技师的腿部被车身和地面夹住，骨折
8	千斤顶支撑在不稳定的地面（软地面），因此它举起车辆后倒下，使车辆砸在技师脚上，致其骨折
9	在更换后轮轮胎时，液压千斤顶举升后轮的高度超过了千斤顶的最大高度，破坏了车辆的平衡，使车辆坠落，砸到技师身上，致其死亡

3. 与吊机、链条行车等吊装类作业相关的事故

吊装过程中的主要事故类型是重物坠落，无论是吊具短路还是脱落导致的，又或者是被吊起的重物摆动，都会与其他物体产生撞击。常见的吊机和行吊分别如图 3-39 和图 3-40 所示。刚性支架如图 3-41 所示。与吊装作业相关的事故见表 3-12。

图 3-39 折叠式吊机

图 3-40 行吊

图 3-41 刚性支架

表 3-12 与吊装作业相关的事故

序号	示　例
1	用起重机吊起车辆后，作业人员在车下拆装零部件。起重机的电源线被意外割破，车辆坠落，砸到车辆下方的作业人员，致其死亡
2	用起重机把已经拆掉轮胎的轻型载货车吊起后，作业人员拆装零部件时，吊绳突然断开，车下方的作业人员被砸，死亡
3	用折叠式吊机把发动机吊回车内时，作业人员的手被夹住，骨折
4	用绞车（也称为卷扬机）把故障车拉上拖车时，其钢绳割伤了作业人员的胸部

4. 与更换轮胎及充气作业相关的事故

由于轮胎气压高，而且轮胎做动平衡时要使用高速旋转的设备，所以轮胎作业是比较危险的汽车维修作业之一。在日本，轮胎作业人员必须接受特别安全培训才能上岗。与轮胎有关的事故类型主要有轮胎爆炸，使用扒胎机时对手部的挤压（图 3-42）和使用动平衡机时，物体打击伤害（图 3-43）更换外胎时容易伤到手和眼睛。轮胎充气时，轮辋破裂飞出会使作业人员受伤，所以在给轮胎充气时要使用防爆笼。轮辋的结构如图 3-44 所示，防爆笼如图 3-45 所示。与轮胎作业相关的事故见表 3-13。

图 3-42　扒胎机

图 3-43　轮胎动平衡机

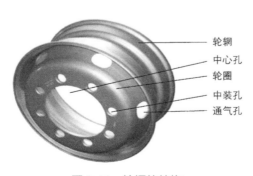

轮辋
中心孔
轮圈
中装孔
通气孔

图 3-44　轮辋的结构

图 3-45　防爆笼

表 3-13　与轮胎作业相关的事故

序号	示 例
1	修理轻型载货车被刺破的内胎并给轮胎充气时，轮胎爆裂，外胎和钢圈飞起，击中了作业人员的头部，致其骨折
2	在修理被刺破的轮胎时，气压过高，轮胎发生了变形；把轮胎撑起来后，作业人员在检查时，胎面破裂，压力冲击作业人员手部，致其骨折
3	作业人员修好农耕用拖拉机轮胎后，坐在轮胎上给轮胎充气，充气过程中管道破裂，把作业人员推向混凝土墙，使其头部受撞击，死亡
4	自卸载货车的轮胎充气后，气压过高，作业人员开始安装轮胎（需要拧 8 个螺母）。当锁紧第 1 个螺母和第 2 个螺母时，轮胎突然爆裂，作业人员被爆炸的冲击波吹起，其头部被机械设备撞击，骨折
5	工人给装在载货车上的轮胎充气时，轮毂破损，轮胎卡环在压力的作用下飞出，直接击中作业人员的头部，使其头部骨折
6	客车外胎修补完成后，将胎面向下放在地板上充气。充气过程中轮胎发生爆炸，轮胎冲到天花板，外胎飞出，击中作业人员的头部，致其死亡
7	作业人员给大型叉车补胎后，在给轮胎充气过程中轮辋与外胎脱落，轮辋击中作业人员的腹部，致其死亡
8	作业人员更换大型翻斗载货车轮胎后，给轮胎充气过程中轮辋突然飞出，击中作业人员的腰和手腕，致其骨折
9	作业人员将新外胎装在铝轮毂上后给轮胎充气，轮胎从扒胎机上飞出，击中作业人员的头部，致其死亡
10	作业人员更换轮胎后，给轮胎做动平衡；胎面旋转时附加重块飞出，打伤作业人员面部
11	在没有装安全护罩的情况下，工人启动平衡机，并用手触摸旋转的轮胎，导致手指骨折
12	在没有装安全护罩的情况下，工人启动平衡机，旋转的轮胎上的石子击中作业人员的眼睛，致其视力下降
13	作业人员在用气动扳手卸下轮胎时，没有佩戴耳塞防护，工作噪声导致其听力下降

5. 与磨床、切割机和钻孔机作业相关的事故

维修车辆时用的砂轮机有三种：台式、气动手持式（图 3-46）和电动手持式（图 3-47）。手持式砂轮机装有保护罩，其保护罩如图 3-48 所示，砂轮的型号要与砂轮机匹配，砂轮示例如图 3-49 所示。砂轮机和高速切割机（图 3-50）都是汽修行业常用的动力工具，与此相关的事故伤害类型主要还是因为作业人员身体与高速运动的部件接触受伤、砂轮破碎后飞出来伤人、设备漏电导致操作人员触电这三类。与打磨和切割作业相关的常见事故见表 3-14。

图 3-46　气动手持式砂轮机

图 3-47　电动手持式砂轮机

图 3-48　手持式砂轮机保护罩

图 3-49　砂轮

图 3-50　高速切割机

表 3-14　与打磨和切割作业相关的常见事故

序号	示　例
1	作业人员手持电动角磨机打磨零部件，在工作过程中用力按压砂轮侧面，导致砂轮片破碎，碎片射进作业人员的腹部，致其受伤
2	由于没有便携式气动研磨机指定尺寸的砂轮，用其他尺寸的砂轮替代。研磨时，砂轮破碎成三块，其碎片打到作业人员的脚上，致其受伤
3	作业人员手持气动砂轮机抛光金属零部件时，砂轮机从手上脱落，高速旋转的砂轮受到撞击后破碎，碎片刺穿了作业人员的腿部
4	用台式磨床的砂轮侧面打磨工具时，砂轮破碎，碎片击中作业人员的头部，致其受伤
5	作业人员在零件抛光过程中未戴防护眼镜，碎片飞溅射入其眼睛，致其失明
6	作业人员用高速切割机切割管道时，由于切割的角度不正确，导致切屑飞出，使其手部受伤
7	作业人员使用钻床作业时，手套被旋转钻头缠住，导致其手部被拉伤
8	作业人员使用台式钻床作业时，被加工的零部件因固定不牢而与钻头一起旋转，旋转的金属工件将作业人员的手指切断

6. 与洗车作业相关的事故

现在汽车美容行业使用的洗车设备可分为自动和手动两大类。自动洗车设备常用的有门式洗车机（图 3-51），手动洗车设备有常温高压洗车设备（图 3-52）、加热式高压洗车机（图 3-53）。其他常用的洗车设备还有车内地毯清洗机（图 3-54）汽车脚垫清洗机、地毯甩干机等。与汽车洗车设备相关的事故类型有高温灼伤、触电、热水锅炉爆炸起火、高压水流射伤人以及门式洗车机挤压伤人等。与洗车作业相关的事故见表 3-15。

图 3-51　门式洗车机

图 3-52　常温高压洗车机设备

图 3-53 加热式高压洗车机

图 3-54 汽车地毯清洗机

表 3-15 与洗车作业相关的事故类型

序号	示　例
1	作业人员洗车时没有牢牢握住清洗枪，清洗枪在压力作用下射出，致人受伤
2	作业人员洗车时没有戴防护手套，手触碰到热水枪炽热的金属部分，被灼伤
3	洗车时，作业人员 A 眼睛看着别处，不小心将水枪对向旁边的作业人员 B，高压和高温造成作业人员 B 受伤
4	作业人员未提前检查加热设备，由于炭附着导致燃烧不完全，使锅炉中的煤油池累积的煤油着火，致人烧伤
5	工人在洗车机中加入了错误燃料，添加了汽油和稀释剂而不是煤油，导致火灾，作业人员被重度烧伤
6	作业人员一边操作设备，一边加油，引起火灾，烧伤
7	作业人员使用洗车机时没有接地，发生设备短路，致其触电
8	作业人员赤脚洗车，没有穿绝缘靴，故当洗车机漏电时被电击，死亡
9	洗车时作业人员想从门式洗车机的狭小空间内通过，被挤压，死亡
10	作业人员在洗车时发现车窗未关闭，在洗车机不停机的情况下上车关车窗，被卡在车辆和洗车机之间，死亡
11	门式洗车机一侧电源上没有安装漏电保护断路器，当发生漏电时，作业人员触电，死亡
12	在主电源上电时，作业人员打开控制面板并触摸面板内部电路，触电
13	作业人员工作时脖子上缠着毛巾，毛巾被汽车地毯清洗机缠住，窒息，死亡
14	作业人员使用汽车地毯清洗机时没有接地，发生了短路，触电，死亡
15	工人在清洁操作过程中赤脚操作，当发生漏电时，触电，死亡

7. 与检车线作业相关的事故

在检车线作业过程中，由于被检测的车辆一直在运动之中，所以非操作人员是不允许入内的。检查线（图 3-55）内比较危险的部位有底盘测功机的转鼓试验台（图 3-56）、侧滑测试台（图 3-57），以及车辆车速、灯光校验工位。伤害类型主要有机械伤害、中毒，以及灯光检验（图 3-58）时强光对视力造成的损伤。与检车线相关的事故见表 3-16。

图 3-55　检查线

图 3-56　底盘测功机转鼓试验台

图 3-57　侧滑测试台

图 3-58　灯光校正仪

表 3-16　与汽车性能检验相关的事故类型

序号	示　　例
1	工作人员在测试车辆附近走动，腿掉到转鼓内，导致腿部骨折
2	工作人员在辊子上行走，辊子总成下降后，腿被滚轮折断
3	工作人员作业过程中提升滚筒时，将手放在滚筒上，手被夹住，骨折
4	工作人员测试速度时，卡在轮胎中的异物（如石子）在轮胎旋转时飞出，击中操作人员的眼睛，致其失明
5	在进行速度测试时，车辆的车速超出了最大允许速度，车辆失控向前驶出撞到作业人员，致其多处骨折
6	四驱车辆在测试速度环节操作转向时，由于车辆没有使用固定装置，车辆失控驶出撞到侧面检测人员，致其身体被碾压
7	测试汽车转速期间，中间提升机没有被锁死而突然上升，使车辆跳出撞到前方的工作人员，致其死亡
8	侧滑测试台侧滑板没有被锁死，作业人员在侧滑板上走动，失去平衡而摔倒，致其腿骨折
9	测试人员从一侧移动到另一侧时，在前照灯测试仪的行进轨道上行走，摔倒，腿部骨折
10	测试人员上下移动龙门式灯光检测仪时将手放在光接收器周围，致手骨折
11	测试人员长期注视激光束，导致失明
12	测试人员测量尾气期间，工作场地通风不足，吸入大量的 CO 和 HC 气体，中毒

8. 与电气作业相关的事故

电气作业是一种特种作业，按照法律规定，操作人员必须经过专门的培训，考试合格后方可上岗。电气作业主要的事故类型有电击、电灼伤和电气火灾。关于新能源汽车安全作业的内容将在后续的章节中详细介绍。临时用电时，禁止使用接线排跨接。维修单位中交流用电设备的电源输入端要安装漏电保护器。漏电保护器如图 3-59 所示，接线排的跨接如图 3-60 所示。与电气作业相关的事故见表 3-17。

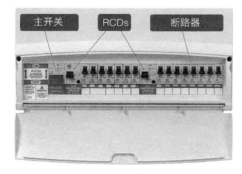

图 3-59　漏电保护器

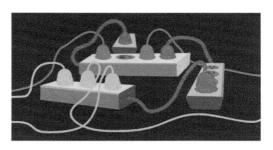

图 3-60　接线排的跨接

表 3-17　与电气作业相关的事故

序号	示　例
1	工作人员在给电池充电时不小心将充电夹子脱手，夹子将电池短路，电弧击碎的金属屑伤到其左眼视网膜
2	给铅酸电池充电时，由于通风不足，电池释放出毒气，导致作业人员中毒
3	作业人员在给电池充电作业中，待电池充满后，在未关闭充电器电源的情况下带电取下充电夹钳，引起电池极柱电弧，伤到眼部，失明

9. 与地沟作业相关的事故

地沟作业是大型车辆车下作业常采用的作业形式。地沟作业场景如图 3-61 所示。与地沟作业相关的事故见表 3-18。

图 3-61　地沟作业场景

表 3-18　与地沟作业相关的事故

序号	示　例
1	在调整横拉杆时，作业人员 A 不小心移动了车辆，导致作业人员 B 的手被卡在驱动轴中，骨裂
2	当作业人员取工具时，不小心使工具坠入坑中砸在脚上，骨折
3	当作业人员转身取放在坑道地面上的工具时，抬头时头部撞在维修车辆的下支臂上，导致撕裂伤
4	从油箱抽燃油时需要抽出油管。作业人员断开燃油软管时，汽油发生泄漏，汽油蒸气充满地坑，致其中毒

10. 与货车大修作业相关的事故

先来熟悉一下事故分类中常提到的混凝土搅拌车（图 3-62）、厢式货车（图 3-63）、发动机变速器捆绑带（图 3-64）、齿轮拆装锁定工具（图 3-65）、尾气吸收装置（图 3-66）、火花塞钳（图 3-67）、变速器安装刚性支架（图 3-68）、变速器分解支架（图 3-69）和发动机支架（图 3-70）。与货车大修作业相关的事故见表 3-19。

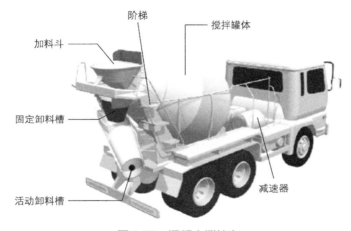

图 3-62　混凝土搅拌车

图 3-63　厢式货车

图 3-64　捆绑带

图 3-65　齿轮拆装锁定工具

图 3-66　尾气吸收装置

图 3-67　火花塞钳

图 3-68　刚性支架

图 3-69　变速器分解支架

图 3-70　发动机支架

表 3-19　与货车大修作业相关的事故

序号	示　例
1	清理混凝土搅拌车搅拌器中的水泥时，作业人员被卡在搅拌器与箱体之间受到挤压，死亡
2	作业人员在叉车维修作业中卸下叉车驾驶员座椅靠背时，作业人员不小心向后坠落，手部骨折
3	检查平板货车时，作业人员 A 在后轮作业，作业人员 B 忘记锁上侧箱板，结果侧箱板在作业过程中突然打开落下，A 头部被夹在后轮胎和侧箱板之间，颈部错位
4	作业人员 A 在车后检修灯光时，坐在驾驶员座椅上的作业人员 B 起动了发动机并误挂入倒档，汽车突然后退，致使车后方的 A 被夹在汽车和墙壁之间，死亡
5	在四轮定位调整过程中，作业人员在未拉紧驻车制动器的情况下去调整车轮，结果车辆向前移动，作业人员被夹在墙壁和车辆之间，腿部骨折
6	作业人员拆卸制动鼓时，用空气清洁剂清洗制动蹄片，吸入清洁剂，中毒
7	夏季，作业人员在检查发动机有故障的车辆时，发动机长时间运转，产生的热量导致高温使工作人员中暑
8	在作业人员维修电动车辆或混合动力车辆时，未戴绝缘手套触摸高压部件，触电
9	作业人员在观察发动机状况时，食指被绞入转动的风扇传动带中，受伤
10	作业人员从车上卸下发动机时，发动机不小心脱手而砸到其手上，骨折
11	作业人员抬起发动机时，因用力过猛，使背部肌肉被拉伤
12	作业人员更换发动机正时带时，扳手脱落在旋转齿轮上，随后扳手被甩出，致其头部受伤
13	更换机油泵密封圈、拆换正时带时，工作人员左手握住齿轮，右手转动气动冲击扳手，致使手指被啮合齿轮切断
14	检查车辆、更换散热器冷却液时，作业人员的手被高温冷却液灼伤
15	维修散热器过热的车辆时，作业人员在松开散热器的放水旋塞或放冷却液的过程中，高温冷却液喷出，致其烧伤
16	检查发动机火花塞时，作业人员触电
17	作业人员在工作台上拆卸变速器，拆下齿轮组后，齿轮组从工作台上滑落并掉落在脚上，骨折
18	作业人员在校正车身时（图 3-71）未使用安全绳而使夹具脱落，手指被切断
19	作业人员在将螺旋弹簧（图 3-72）安装到车上时，弹簧压缩器脱落，被弹簧弹出，致其手指折断
20	作业人员在抛光作业中踩在梯子上，双手握着抛光器，当抛光车顶较高位置时，脚部移动，从梯子上掉下，尾骨骨折
21	在清洗货车时，作业人员不小心从梯子上摔下来，锁骨骨折

（续）

序号	示　例
22	作业人员在放机油作业中，不小心碰翻油盒使油洒在地板上，不慎滑倒后腰部受伤
23	作业人员更换机油（图 3-73）时未戴手套，热机油将手部灼伤
24	因通风不良，作业人员吸入发动机清洁剂中的有害气体，恶心
25	作业人员检查冷却器 / 冷凝器风扇时，风扇突然起动，其手指被绞入而撕裂伤
26	作业人员用气枪清洁鼓式制动器上的灰尘时，灰尘飞入眼睛致其角膜擦伤
27	作业人员更换转向齿条防尘罩时，手触摸到热排气歧管，被灼伤
28	作业人员在维修载货车作业中，用锤子敲打零部件调整螺栓孔位置时，锤子反弹击在其嘴上，牙齿折断
29	作业人员在用钣金锤作业时没有使用防滑手套，使锤子敲打在手上，手指骨折
30	作业人员在安装（拆卸）发动机缸盖和其他部件时未使用举升设备和固定带，使发动机缸盖坠落到其脚上，脚部骨折
31	作业人员在使用扭力扳手测量轮胎螺母的锁紧力矩时用力过猛，导致手磕在地面上而受伤

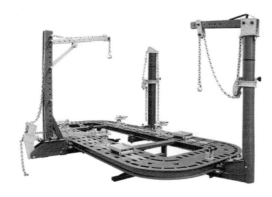

图 3-71　车身校正

图 3-72　拆装螺旋弹簧所用的弹簧压缩器

图 3-73　更换机油作业

11. 与焊接切割作业相关的事故

汽车维修作业中的动火作业。其主要风险是火灾事故、如焊接作业进程中产生的火花可能会引起的火灾，使工作人员的眼部被灼伤或烧伤。

图 3-74 和图 3-75 分别是案例中所述及的工具：气动切割机和钣金滑锤。焊接作业常用的防火毯如图 3-76 所示。

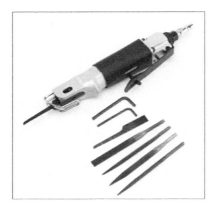

图 3-74　气动切割机

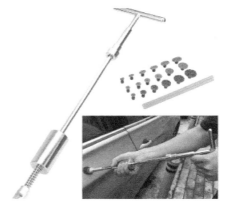

图 3-75　钣金滑锤

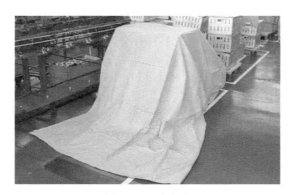

图 3-76　防火毯

与焊接和气割作业相关的事故见表 3-20。

表 3-20　与焊接和气割作业相关的事故

序号	示　例
1	在焊接油箱法兰部位时，电火花点燃油箱内的可燃混合气导致火灾
2	作业人员在对罐装车接口法兰进行维修时，电焊火花点燃油气混合物，爆炸，致人死亡
3	作业人员在焊接过程中没有戴手套和防护眼镜，火星溅入其眼睛，致其眼底灼伤和失明
4	在钣金作业过程中，锤击和敲打致人耳聋
5	用气动锯切割车体时，作业人员手腕因长时间受振动而受损

12. 与涂装作业相关的事故

汽车涂装与汽车美容作业常用的工具有风窗玻璃真空吸盘（图 3-77）、抛光机（图 3-78）和红外烤漆灯（图 3-79）、烤漆房加热锅炉（图 3-80）等。危化品的存储柜如图 3-81 所示。

涂装作业主要事故是中毒、烫伤和着火，见表 3-21。

图 3-77 风窗玻璃真空吸盘　　　　图 3-78 抛光机　　　　　图 3-79 红外烤漆灯

图 3-80 烤漆房加热锅炉　　　　　　　　图 3-81 危化品的存储柜

表 3-21 与涂装相关的事故

序号	示　例
1	作业人员在狭窄的空间内喷漆时，不小心将油漆喷到脸上，损伤眼角膜
2	作业人员未佩戴防护口罩和集尘器，因此吸入漆膜和腻子粉末，肺功能受损
3	作业人员调漆时没有佩戴防护眼镜，有机溶剂溅入眼睛，致其失明
4	作业人员调漆时，未使用手套，溶剂引起皮肤过敏或化学灼伤
5	作业人员调漆时，未佩戴面罩，吸入溶剂，中毒
6	作业人员在没有强制通风设备的室内进行了喷漆作业，溶剂扩散，使人感到不适
7	烤漆房燃烧器不完全燃烧而引起燃烧爆炸，导致作业人员全身灼伤
8	由于红外加热器的加热管在炽热状态时外表颜色没有变化，作业人员不小心触摸它，被灼伤
9	在夏天，工厂室内很热，作业人员在钣金作业时中暑

13. 与临时用电作业相关的事故

与临时用电作业相关的事故伤害类型见表3-22。

表 3-22 与临时用电作业相关的事故

序号	示 例
1	作业人员打开配电箱后，发现洗车机没有接通电源，检修配电箱时，触摸到设备的开关，导致工人触电
2	在洗车机没有关闭电源的情况下，作业人员就开始检修洗车机的高压电路，不小心触碰到带电的开关，触电晕倒

第一节 安全生产事故隐患

安全生产事故隐患是指生产经营单位违反安全生产法律、法规、规章、标准、规程和安全生产管理制度的规定，或者因其他因素在生产经营活动中存在可能导致事故发生的物的危险状态、人的不安全行为和管理上的缺陷。维修企业首先要建立隐患排查治理的制度，然后实施隐患排查治理。在排查和治理过程中，要做情况记录，并及时向从业人员通报。

生产经营单位安全管理的常规工作就是排查和消除事故隐患。通用的事故隐患排查制度如图 4-1 所示。

在第三章介绍的在维修单位的各风险点可能产生的伤害形式。这些伤害就是由物的危险状态、人的不安全行为和企业管理上的缺失导致的。

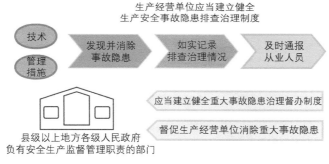

图 4-1 事故隐患排查制度

第二节 大型维修单位风险隐患排查

这里以加拿大维修单位事故隐患排查使用的统计表为例进行介绍。

一、与培训相关的隐患排查

培训类隐患排查见表 4-1。

表 4-1 培训类隐患排查

序号	内容	是	否	备注
1	是否给新员工进行了安全培训			
2	初次培训内容是否包括与工作岗位相关的风险与事故的总结			
3	是否适当地指导员工如何使用个人防护设备			
4	是否培训员工如何使用应急设备			
5	员工是否知道有拒绝危险作业指令的权利			

二、与作业环境相关的隐患排查

与作业环境相关的隐患排查见表 4-2。

表 4-2　与作业环境相关的隐患排查

序号	内　容	是	否	备注
1	是否有保温或降暑的物质提供（如饮料、皮手套、保温靴）			
2	公司提供的防寒服、防雨服是否舒适和轻便			
3	潮湿的工作地面和防滑地面是否安全			
4	员工是否熟悉冻伤、冻僵和中暑、热痉挛的表现症状			

三、与照明相关的隐患排查

与照明相关的隐患排查见表 4-3。

表 4-3　与照明相关的隐患排查

序号	内　容	是	否	备注
1	工作时的照明强度是否足够安全和舒适			
2	工作台面、显示器、屏幕和键盘上的灯光是否会产生眩光			
3	应急灯数量是否充足并定期测试			

四、与噪声有关的隐患排查

与噪声有关的隐患排查见表 4-4。

表 4-4　与噪声有关的隐患排查

序号	内　容	是	否	备注
1	是否进行了工作环境噪声水平测试			
2	对噪声较大的工作场所是否提供了听力保护设备			
3	是否指导了员工如何正确使用听力保护设备			

五、与地面相关的隐患排查

与地面相关的隐患排查见表 4-5。

表 4-5　与地面相关的隐患排查

序号	内　容	是	否	备注
1	梯子和门的开口是否设置了栏杆			
2	临时的地板开口是否有标准的栏杆，还是有人一直在值守			

六、与通道相关的隐患排查

与通道相关的隐患排查见表 4-6。

表 4-6　与通道相关的隐患排查

序号	内　容	是	否	备注
1	车辆通道符合要求吗			
2	人行通道符合要求吗			

（续）

序号	内 容	是	否	备注
3	AGV 通道符合要求吗			
4	设备间距是否足够			
5	作业工位间距是否足够			

七、与工作环境相关的隐患排查

与工作场合整洁相关的隐患排查见表4-7。

表 4-7　与工作场合整洁相关的隐患排查

序号	内 容	是	否	备注
1	工作场地是否干净、有序			
2	地面有没有凸出的钉子、柱子、碎片、洞和松垮的木板			
3	人行通道和物流通道上是否有障碍物			
4	固定的过道和通道是否有清晰的标记			
5	露天坑、空罐和沟渠周围是否有防护罩或护栏			

八、与物流相关的隐患排查

与物流相关的隐患排查见表4-8。

表 4-8　与物流相关的隐患排查

序号	内 容	是	否	备注
1	可伸缩卸货平台及升降平台的防撞装置、楼梯和台阶是否完好			
2	输送管道是否处于良好状态，有无泄漏			
3	所有的工作区域是否干净，没有杂物			
4	储存的材料是否正确堆放，间隔是否合理			
5	工具是否放在适当的位置			
6	是否有盛油布和类似垃圾桶的金属容器			
7	地板是否有溢油或渗漏			
8	是否有可用的吸收布立即清理泄漏			
9	危化品是否适当地储存			

九、与货物装卸相关的隐患排查

与货物装卸相关的隐患排查见表4-9。

表 4-9　与货物装卸相关的隐患排查

序号	内　容	是	否	备注
1	升降平台上的台阶、栏杆和可伸缩的坡道是否维护良好			
2	管道和有管道连接的设备是否处于良好状态，无泄漏			
3	吊臂的操作是否令人满意			
4	浸没式充液二级阀门（液体物质传输）工作是否正常			
5	连接和接地电缆是否有断裂或损坏			
6	所有的连接是否牢固，有无异响			
7	电线、接线盒等的情况是否良好（目视检查）			

十、与物料堆放相关的隐患排查

与物料堆放相关的隐患排查见表 4-10。

表 4-10　与物料堆放相关的隐患排查

序号	内　容	是	否	备注
1	设备距离门和过道是否留有安全空间			
2	物料堆放是否稳定和牢靠			
3	储存区域是否有倾倒危险			
4	开铲车的作业人员是否受过培训和持证上岗			
5	电池充电是否必须在指定区域			
6	从卸货平台到载货车或从卸货平台到轨道车是否使用卸货板装卸			
7	铁路道旁是否有警示装置和标志			
8	是否张贴了搁架、地板和屋顶最大负载的规范说明			
9	机架和平台是否在其容量范围内装载			
10	吊链、绳索和吊索是否与吊装货物重量匹配并有承载重量的标记			
11	吊带在使用前是否检查			
12	是否所有新的、修理过的或翻新过的合金钢链吊索在使用前都经过许可检验			
13	托盘和滑板的类型和检验是否正确			
14	工作人员是否使用正确的起重技巧			
15	集装箱的大小和状况是否会危害操作工人			
16	升降机、举升机、传送带、打包机等是否有适当的信号及方向警告标志			

十一、与危化品管理相关的隐患排查

与危化品管理相关的隐患排查见表 4-11。

表 4-11　与危化品管理相关的隐患排查

序号	内　容	是	否	备注
1	在搬运、移动或储存危化品之前，是否对安全数据表（SDS）进行了审核			
2	是否使用了适合该产品的个人防护用品（PPE）			
3	在危化品存放区和生产区是否将不兼容的危化品分开存放			
4	危化品是否远离热源			

（续）

序号	内 容	是	否	备注
5	是否进行了容器开裂和泄漏检查			
6	容器是否有必要储存在滴水盘中			
7	所有危化品是否都贴了标签			
8	损坏的和遗失的标签是否立即更换			
9	当发生泄漏时是否立即可用吸收液体及易清理材料			
10	可燃物质盛装容器的连接和接地是否立即可用			
11	储存区域的通风是否与被储存产品相适合			

十二、与有限空间作业相关的隐患排查

与有限空间作业相关的隐患排查见表 4-12。

表 4-12 与有限空间作业相关的隐患排查

序号	内 容	是	否	备注
1	是否对有限空间作业流程和安全事项相关内容进行了培训			
2	进入和退出有限空间的流程是否适合			
3	应急和逃生流程是否张贴在适合的位置上			

有限空间是指封闭或部分封闭、进出口较为狭窄有限、未被设计为固定工作场所、自然通风不良且易造成有毒有害、易燃易爆物质积聚或氧含量不足的空间。有限空间作业是指作业人员进入有限空间实施的作业活动。

有限空间作业场所一般多含有硫化氢、一氧化碳、二氧化碳、氨、甲烷（沼气）和氰化氢等气体，其中以硫化氢和一氧化碳为主的窒息性气体尤为突出。常见的有限空间作业有：清理浆池、沉淀池、酿酒池、沤粪池、下水道、蓄粪坑、地窖等作业；下井（如工地桩井、竖井、矿井等）作业；与反应塔或釜、槽车、储藏罐、钢瓶等容器，以及管道、烟道、隧道、沟、坑、井、涵洞、船舱、地下仓库、储藏室、谷仓等相关的作业。在这些有限空间场所中，如果通风不良，加之窒息性气体浓度较高，就会导致空气中的氧含量下降。当空气中氧降到 16% 以下时，人就会产生缺氧症状；当氧降至 10% 以下时，人会出现不同程度的意识障碍，甚至死亡；当氧降至 6% 以下，人会发生猝死。

十三、与高处作业有关的隐患排查

与高处作业有关的隐患排查见表 4-13。

表 4-13 与高处作业有关的隐患排查

序号	内 容	是	否	备注
1	台阶和扶手的技术状态（图 4-2）是否良好			
2	楼梯是否有缺损			
3	楼梯是否结实、牢固			
4	升降平台是否牢靠？平台上是否装有栏杆			

图 4-2　二层间隔楼梯

十四、与电梯有关的隐患排查

与电梯有关的隐患排查见表 4-14。

表 4-14　与电梯有关的隐患排查

序号	内　容	是	否	备注
1	是否在装载量允许的范围内使用			
2	装载量标贴是否贴在设备上			
3	是否定期检查、测试和维修			
4	是否为"防呆"类型的控件			
5	操作人员是否接受了培训			
6	特种设备操作人员是否持证上岗			

十五、与临时建筑有关的隐患排查

与临时建筑有关的隐患排查见表 4-15。

表 4-15　与临时建筑有关的隐患排查

序号	内　容	是	否	备注
1	临时工作构筑物是否只在永久性构筑物不合理、不可行时才使用			
2	挖掘工作是否有适当的支撑，边缘是否有大型物体（如岩石等）			

十六、与办公设施和生活设施相关的隐患排查

与办公设施和生活设施相关的隐患排查见表 4-16。

表 4-16　与办公设施和生活设施相关的隐患排查

序号	内　容	是	否	备注
1	设施是否保持清洁卫生			
2	设施是否维护良好			
3	饭堂是否远离危化品			
4	是否提供洗手设备，特别是在洗手间和餐厅内			

十七、与电源和电气设备相关的隐患排查

与电源和电气设备相关的隐患排查见表 4-17。

表4-17　与电源和电气设备相关的隐患排查

序号	内　　容	是	否	备注
1	操作、维护和修理作业时是否遵守电气相关法规			
2	电气设备或机电一体化设备是否接地			
3	手动工具是否有接地或双重绝缘			
4	接线盒是否封闭			
5	延长电线是否从通道中伸出，是否会被过往的车辆碾压			
6	是否有固定线路代替临时拉线			

十八、与机械工具和设备相关的隐患排查

与机械工具和设备相关的隐患排查见表4-18。

表4-18　与机械工具和设备相关的隐患排查

序号	内　　容	是	否	备注
1	是否保存工具和设备的使用手册，并按照上面的要求操作			
2	电动工具是否符合标准			
3	工具的尺寸、重量等是否适合员工使用			
4	有缺陷的工具是否被标记并作为定期维护计划的一部分退出工作			
5	使用工具和设备时是否注意避免电击事故			
6	是否就工具和设备的安全使用进行了培训			

十九、与生产过程相关的隐患排查

与生产过程相关的隐患排查见表4-19。

表4-19　与生产过程相关的隐患排查

序号	内　　容	是	否	备注
1	重复性的动作工作强度是否合理且维持在最小量			
2	是否所有员工都可以拿到安全方面的数据			
3	是否所有危险都有标示清楚			
4	叉车、载货车等设备是否定期检查和维修			
5	维修作业时是否有挂牌上锁流程			
6	通风设备工作是否良好			
7	灰尘和异味收集器是否有效			
8	安全淋浴、眼睛清洗站位置是否适当，技术状态是否良好			

二十、与火灾应急相关的隐患排查

与火灾应急相关的隐患排查见表4-20。

表 4-20　与火灾应急相关的隐患排查

序号	内　容	是	否	备注
1	在作业点是否贴有火灾处置预案			
2	每位员工是否都熟知防火预案			
3	是否定期举行预案演练			
4	配备的灭火器类型是否适合该区域的火灾类型			
5	灭火器是否足够			
6	灭火器存放位置的标识是否明显			
7	灭火器固定是否适当且易于取用			
8	灭火器是否充满且处于使用状态			
9	专用灭火器是否清楚标识（比如锂电池专用灭火器）			

二十一、与安全护栏相关的隐患排查

与安全护栏相关的隐患排查见表 4-21。

表 4-21　与安全护栏相关的隐患排查

序号	内　容	是	否	备注
1	所有的机器零件是否都有适当的防护（图 4-3 和图 4-4）			
2	机器防护罩是否符合标准			
3	所有的防护装置是否都到位并按设计进行操作			
4	在拆除防护罩进行维修时，是否遵循了锁定程序			

图 4-3　车床的防护罩

图 4-4　砂轮机的防护罩

二十二、与紧急救治相关的隐患排查

与紧急救治相关的隐患排查见表 4-22。

表 4-22　与紧急救治相关的隐患排查

序号	内　容	是	否	备注
1	是否所有员工都知道如何获得紧急救治			
2	急救人员是否知道什么时间、哪家医院可以接收受伤人员			
3	每一班是否都有一个受过专门救治在岗训练的员工			
4	是否按照工作辖区的急救要求配备急救箱			
5	急救用品是否得到及时补充			

二十三、与个人防护用品相关的隐患排查

与个人防护用品相关的隐患排查见表4-23。

表4-23　与个人防护用品相关的隐患排查

序号	内　　容	是	否	备注
1	供给、维护和使用是否有明确的要求			
2	个人防护用品对于现场是否存在风险			
3	个人防护用品是否可靠			
4	是否只有在消除/控制危化品或通过工艺不能奏效时才使用个人防护用品			
5	通过标识是否可以明确地知道个人防护设备，例如图4-5所示气焊和气割作业使用的个人防护用品			

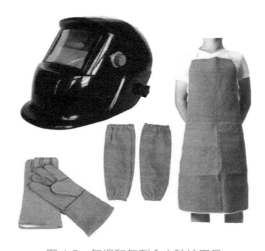

图4-5　气焊和气割个人防护用品

二十四、与逃生通道相关的隐患排查

与逃生通道相关的隐患排查见表4-24。

表4-24　与逃生通道相关的隐患排查

序号	内　　容	是	否	备注
1	是否有足够的出口允许迅速逃离			
2	员工是否有方便的通道到达出口			
3	是否有紧急出口以便疏散			
4	出口是否有清楚的标识			
5	出口和出口通道是否有应急照明			
6	出口和出口通道是否畅通（例如：通道或门口有没有存放物品）			

要让每个员工熟知逃生通道在哪里。逃生通道设置要求示例如图 4-6 所示。

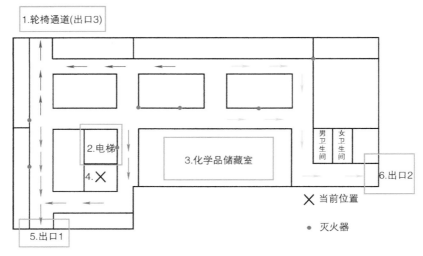

图 4-6　逃生通道设置要求示例

1—轮椅通道，出口 3 指示牌　2—不能使用电梯的警示　3—远离危化品储藏室警示　4—员工当前位置
5—最近的通道，出口 1 指示牌　6—出口 2 指示牌

第三节　新能源汽车安全隐患排查

从 2017 年开始，工业和信息化部连续四年对新能源汽车企业开展安全隐患排查，具体文件可登录网站查看（如 http：//www.miit-eidc.org.cn/art/2020/6/8/art_54_4484.html）。

表 4-25 列出了隐患排查常用的技术手段：目测法、测量法、分析法。这个表格对当前网约车的隐患排查十分有用。

表 4-25　新能源汽车安全排查工作参考表

序号	类别	作业项目	检验方法	判定标准
1	外观检查	异味检查	鼻嗅	电池箱周围无刺激和烧焦等异味
		箱体外部线束 / 插接件检查	目测	箱体外高 / 低压线束无磨损，插座 / 插头无破损
		箱体与车架螺栓紧固	目测	复检螺栓紧固力，紧固力应满足质量要求标准
		电池下箱体外侧清洁	目检	下箱体底部 PVC 涂层完好 无变形，无腐蚀 清除箱体灰尘，确保清洁度良好 箱体无划痕，无破损
		维护开关检查（MSD）	目检	维护开关无变形、划痕，开关内部洁净，无污物
		检查水冷管进 / 出水口	目检	检查水冷管软管与硬管连接处是否有漏液 检查水冷管进 / 出口是否有变形
		电池箱体上箱盖检查	目检	无裂纹，无鼓包 平衡阀牢固，外观良好 清洁度良好

（续）

序号	类别	作业项目	检验方法	判定标准
1	外观检查	整车的高压线束系统	目检	线束外观良好，无磨损和老化 插接件无松脱，无异常变色发黑现象
2	软件诊断 （隐含）	读取最高单体温度	软件诊断	静态的最高单体温度应符合产品技术条件
		读取电池温差范围	软件诊断	静态的电池温差应符合产品技术条件
		读取电池压差范围	软件诊断	静态压差应在许可范围内
		读取电池包总电压	软件诊断	总电压应符合产品技术条件
		实测系统绝缘阻抗	软件诊断	诊断工具、整车仪表板有无绝缘报警 绝缘阻值 ≥ 1MΩ（关闭 BMU 绝缘检测功能，分别测试正 / 负对地阻抗）
		读取系统报警情况	软件诊断	UDS[①]诊断无当前故障
		读取进水口温度	软件诊断	0 ~ 60℃
		读取出水口温度	软件诊断	0 ~ 60℃
		确认软件版本	软件诊断	判断是否为最新版本
3	气密性检测	气密性测试	检测开箱后修复的箱体的气密性	箱体气密性达标
4	开箱检查及换件	更换密封圈	零部件更换	—
		检查上盖内侧是否存在冷凝水	目检	上盖内侧外观良好，无冷凝水
		检查箱内是否存在冷凝水	目检	检查上箱盖内侧是否有冷凝水 检查模组上层、侧板是否有冷凝水 检测箱体四周是否有冷凝水
		检查箱内低压线束外观及插接件连接情况	目检	线束外观良好，无磨损和老化，插接件无松脱
		检查箱内高压线束（含螺栓外观）	目检	线束绝缘皮无磨损，螺栓外观无异常变色发黑现象
		高压螺栓紧固力矩检查	工具检测	螺栓画线无位移 检测螺栓残余力矩并记录 将螺栓的紧固力矩调整至出厂质量要求的力矩
		检查水冷板外观	目检	水冷板软 / 硬管连接良好 水冷板无变形
		检查箱体清洁度	目检	内部清洁度良好，无残余杂质

① UDS 是 Unified Diagnostic Services 的缩写，表示统一的诊断服务。

第一节　新能源汽车分类

前面讲过，危险的根本来源是能量，所以这里先从能量的角度了解车辆的分类，而不是从品牌、价位等方面分类。现代汽车的能量来源可以是气体燃料，可以是液体燃料，也可以是电能。

了解能量来源，不仅对人们购车有用，对风险识别和现场施救也是必要的。

根据储能形式不同，新能源汽车的分类如图 5-1 所示，具体结构及特点见表 5-1。

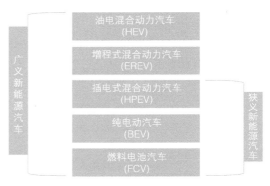

图 5-1　按能量供给方式的新能源汽车分类

表 5-1　新能源汽车的结构及特点

名称	结构	驱动装置	动力来源	能量转换途径	外接充电
纯电动汽车		电机	动力电池	化学能→电能→机械能	能
油电式混合动力汽车		发动机 + 电机	燃油 + 动力电池	化学能→电能→机械能或电能→机械能	不能
插电式混合动力汽车		发动机 + 电机	燃油 + 动力电池	化学能→电能→机械能或电能→机械能	能

（续）

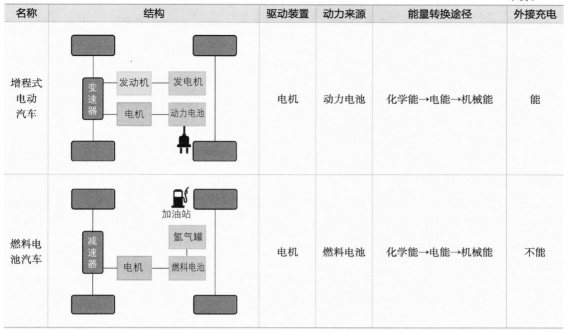

名称	结构	驱动装置	动力来源	能量转换途径	外接充电
增程式电动汽车		电机	动力电池	化学能→电能→机械能	能
燃料电池汽车		电机	燃料电池	化学能→电能→机械能	不能

混合动力汽车的类型又可细分为。

1. 按照动力系统结构形式划分

1）串联式混合动力汽车（Series Hybrid Vehicle）：车辆行驶系统的驱动力只来源于电机的混合动力电动汽车。典型的结构特点是发动机带动发电机发电，电能通过电机控制器输送给电机，由电机驱动车辆行驶。另外，动力电池可以单独向电机提供电能驱动车辆行驶。

2）并联式混合动力汽车（Parallel Hybrid Electric Vehicle）：车辆行驶系统的驱动力由电机及发动机同时或单独供给的混合动力电动汽车。典型的结构特点是并联式驱动系统可以单独使用发动机或电机作为动力源，也可以同时使用电机和发动机作为动力源驱动车辆行驶。

3）混联式混合动力汽车（Combined Hybrid Electric Vehicle）：具备串联式和并联式两种混合动力系统结构的混合动力电动汽车。典型的结构特点是可以在串联混合模式下工作，也可以在并联混合模式下工作，同时兼顾了串联式和并联式混合动力电动汽车的特点。

2. 按照混合度划分

1）微混合型混合动力汽车（Micro Hybrid Electric Vehicle）：以发动机为主要动力源，电机作为辅助动力，具备制动能量回收功能的混合动力电动汽车。电机的峰值功率和总功率的比值小于10%。仅具有停车怠速停机功能的汽车也可称为微混合型混合动力电动汽车。

2）轻度混合型混合动力汽车（Mild Hybrid Electric Vehicle）：以发动机为主要动力源，电机作为辅助动力，在车辆加速和爬坡时，电机可向车辆行驶系统提供辅助驱动力矩的混合动力电动汽车。一般情况下，电机的峰值功率和总功率的比值大于10%。

3）重度混合（强混合）型混合动力汽车（Full Hybrid Electric Vehicle）：以发动机和／或电机为动力源，一般情况下，电机的峰值功率和总功率的比值大于30%，且电机可以独立驱动车辆正常行驶的混合动力汽车。

第二节 选择本质安全的车辆

本质安全是指通过设计等手段使汽车本身具有安全性，即使在误操作或发生故障的情况下也不会发生能量意外释放。

本质安全一般包括两种安全功能：失误安全和故障安全。

1. 失误安全

失误安全指操作者即使操作失误，也不会发生事故或伤害，或者说汽车机械、电气、软件和使用的材料本身具有自动防止人的不安全行为的功能。

2. 故障安全

故障安全指机械、电气、电子和软件发生故障或损坏时，还能暂时维持正常工作或自动转变为安全状态。

在汽车设计中，安全的核心是保护人。如图5-2所示，汽车安全保护对象，不只是保护驾驶人和乘员，还要保护路人和维修人员。从事汽车设计的人员在进入汽车设计行业的第一天起，就一定要牢记这个概念。

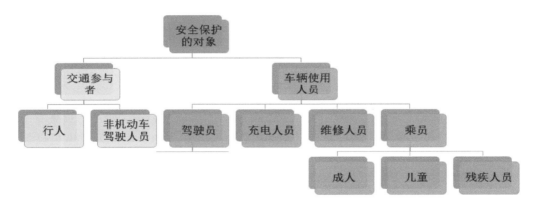

图 5-2 汽车安全保护对象

从产品安全的角度来说，可将汽车安全分为传统安全和电子/电气功能安全。传统安全包括着火、碰撞、爆炸、触电、中毒、窒息、溺水等相关的伤害，除非伤害是直接由电子/电气相关系统的故障而引起的。传统安全不在功能安全的考虑范围之内。当前新能源汽车已进入2.0时代，也就是电动化与智能化结合的时代（通常把纯粹的电动化称为新能源汽车1.0时代），汽车安全的定义发生了扩展。最新的汽车本质安全的定义如图5-3所示。除了传统安全外，对提出了功能安全和信息安全，功能安全是指避免由系统功能性故障导致的不可接受的风险。它关注的是系统发生故障之后车辆的状况，而不是系统的原有功能或性能丧失。因此

图 5-3 汽车本质安全

功能安全的目的就是当系统发生故障后，使系统进入安全的可控模式，避免对人身、财产造成伤害。而信息安全是保证汽车使用者的个人信息不会流失，或者车辆被他人控制。

功能安全和信息安全的问题不是汽车使用和维修人员能够解决的，但是了解这些安全知识有助于我们了解某些车辆在功能安全和信息安全方面得到了有效的保障，远离那些"不靠谱"的汽车。

第三节　安全缺陷质量纠纷处理方法

一般来说，汽车内包含三万多个零部件，这些零部件来自三千多个供应商。这么多的零部件、这么多人参与制造的"大产品"，发生质量缺陷是在所难免的，因此我们要学会如何在汽车质量缺陷事故发生时保护自身的利益。

汽车产品安全缺陷的处理途径有三条：一是主机厂自我发起的缺陷补救的行为；二是当车主受到了安全缺陷导致的伤害而发起的主张权利的行为；三是汽车产品质量监管的政府部门发起的安全缺陷整改行为。作为汽车使用者，我们能够采取的解决方法就是第二条，但需要依法申请主张，并保护好证据，如图 5-4 所示。

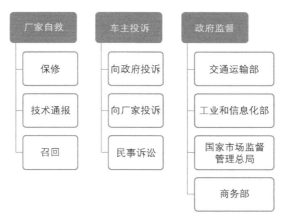

图 5-4　汽车产品安全缺陷的处理途径

在我们遇到汽车产品质量缺陷时，如果没有造成人身伤害和除车辆外的其他财产损失，且在"三包"期间内，就可以依据"三包法"向汽车生产厂家主张权利；如果超过了"三包"期限，则可以通过人民法院，依据《中华人民共和国产品质量法》主张自己的权利。

根据《中华人民共和国产品质量法》第四十六条"本法所称缺陷，是指产品存在危及人身、他人财产安全的不合理的危险；产品有保障人体健康和人身、财产安全的国家标准、行业标准的，是指不符合该标准。"这是关于缺陷的认定标准。

关于产品责任侵权认定要件有三：一是产品存在缺陷；二是缺陷产品造成了损害的事实；三是缺陷产品与损害事实之间存在因果关系。构成侵权，就能立案。

我们在购车后和初驶期间，还受到"三包"法的保护。

"三包"是指因汽车产品质量问题，对其进行包修、包换、包退的规定，即国家质量监督检验检疫总局负责实施、协调指导和监督管理的《家用汽车产品修理、更换、退货责任规定》。

第一节　车辆安全驾驶主要注意事项

汽车消费者购车后总会把自己的爱车比喻成"移动的家"为其添置一些个性化的小物件，殊不知这些物件很可能成为自己的"杀手"。汽车行驶中的安全关系到一家人的幸福，下面介绍日本三菱汽车给车主的安全手册中列出的汽车使用中的人的不安全行为和物的不安全状态，供大家参考。

一、铺放地毯不当

在车内添加地毯有利于保持车内的清洁，但是对地毯的层数和摆放方法都有安全的要求。

1）地毯摆放位置（图6-1）：地毯中心线与踏板的轨迹平行，地毯一定要固定在锁扣上，以免影响制动。

2）地毯层数不能多于两层，否则上层的地毯移动可能会压在加速踏板上（图6-2）。

 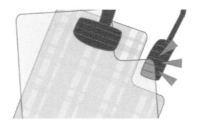

图6-1　地毯摆放位置　　　　　　　　　　图6-2　地毯层数

二、踏板改装

改装的踏板有时会与地毯发生干涉（图6-3），引发事故。

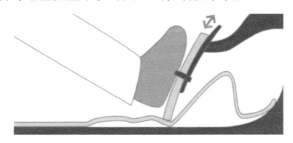

图6-3　干涉现象

三、安全带调节不当

安全气囊（SRS）是重要的预防发生二次碰撞的安全装置。安全气囊和安全带要一起使用才能避免二次碰撞对驾乘人员身体的伤害。如果安全带调节不正确，反而会伤害到驾乘人员。

1）安全带使用要领（图6-4）：调整肩带，使其穿过肩膀，不能挂在下巴或脖子上，腰带置于髋骨上的位置，应尽可能低。检查肩带和腰带没有扭曲，即可将扣板按入带扣，直至其卡到位。

2）孕妇使用安全带时（图6-5）。确保安全带的肩带穿过肩膀并避开腹部；腰带尽可能低地置于髋骨上，避免腹带置于胸部与髋关节之间。孕妇独自驾驶时，应调整座椅的位置，使腹部和转向盘之间有适当的间隙。如果孕妇的腹部和转向盘的位置太近，不仅不便于驾驶，而且万一发生碰撞，转向盘还有可能撞击到其腹部，导致其流产。

图 6-4　正确使用安全带

图 6-5　孕妇系好安全带

四、后枕高度调节不当

设置汽车座椅后枕不仅提高了驾驶舒适性，而且还防止了汽车被追尾时发生"鞭打效应"——追尾时导致颈部的骨折。调整后枕的高度，使耳部中心线应与头部后枕中心线一致，后枕要靠在后脑部位（图6-6）。

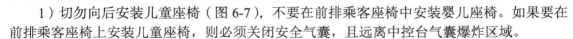

图 6-6　后枕

五、安全气囊释放区摆放物品不当

在安全气囊展开时，爆炸气囊冲出轨迹内的饰物可能飞出伤人，不正确的驾驶姿态也可能导致驾乘人员的伤害。转向盘、车辆前部、中控台周围以及前排座椅周围不要放置物品。

1）切勿向后安装儿童座椅（图6-7），不要在前排乘客座椅中安装婴儿座椅。如果要在前排乘客座椅上安装儿童座椅，则必须关闭安全气囊，且远离中控台气囊爆炸区域。

2）避免脸部靠近气囊或倾斜坐姿（图6-8），否则安全气囊会造成擦伤或对生命造成危险。

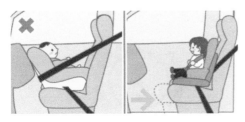 

图 6-7　切勿在前排向后安装儿童座椅　　　图 6-8　不正确的坐姿

3）如果在安全气囊周围放置物件或黏着物品（图6-9），当安全气囊展开时，物件等可能会飞出，造成严重伤害。另外，不要在风窗玻璃上粘贴悬挂饰件。

4）安全气囊展开后（图6-10），其组件会被立即加热，展开安全气囊时会发出巨大的噪声并伴随着白烟，但这不是火灾。白烟对人体没有影响。

图 6-9　不要放各种小物品

图 6-10　安全气囊展开后

六、在车内放置能产生点火源的物品

1）装有液体的容器在阳光照射下起着透镜的作用，可能会引起意外起火，例如啤酒瓶、矿泉水瓶、饮料瓶等，如图6-11所示。

2）不要在车窗玻璃的附件或中控台上放香水，气囊爆炸时这些物品会飞出来伤人，如图6-12所示。

图 6-11　不要放液体

图 6-12　不要放饰品

七、车辆报警时的处置措施

现代汽车都有各种危险/故障警告灯来提示车主立即处置，否则会引发安全事故。警告灯的种类较多，至少要记住下面的六种。

1）低压电池警告灯（图6-13）亮起，说明低压电池系统异常，此时应把车停在安全的地方，并联系修理厂安排维修。

2）制动系统故障指示灯（图6-14）亮起，表示制动液不足或制动力分配功能异常。如果驻车制动器失常，应把车辆停在安全的地方并联系修理厂。

图 6-13　低压电池警告灯

图 6-14　制动系统故障指示灯

3）当安全气囊故障指示灯（图6-15）点亮并闪烁时，说明安全气囊系统或安全带系统出现了故障，需要马上与修理厂联系，并安排维修。

4）当发动机故障指示灯（图6-16）点亮并闪烁时，说明发动机或变速器出现了故障，需要马上与修理厂联系，并安排维修。

5）当ABS出现异常时，ABS故障指示灯（图6-17）亮起。这时要避免紧急制动和高速行驶，应把车停在安全的地方，熄火，再次打开发动机运行一会儿，如果ABS故障指示灯熄灭，则说明系统正常；否则要联系修理厂，并安排维修。

6）电动汽车或插电式混合动力汽车的电动系统出现异常时，电动系统指示灯（图6-18）会亮起。遇到这种情况，应将车停在安全的地方，然后与修理厂联系。警告灯的类型会因车型不同而有所差异。

图6-15　安全气囊故障指示灯

图6-16　发动机故障指示灯

图6-17　ABS故障指示灯

图6-18　电动系统指示灯

八、汽车意外移动

1）驾驶员离开汽车时，为安全起见，务必将变速杆置于P位，设置驻车制动并关闭发动机（图6-19），防止车辆意外移动。有的车型在驾驶员松开安全带或离开驾驶员座椅时，发动机会自动停止运转。自动起停系统的控制策略根据车辆型号和年份的不同而有所不同，具体的操作方法也会有所不同。

2）在发动机怠速状态下停车时，应将变速杆置于P位或N位。如果车辆还挂着档，则发动机自动重启时会使车辆发生蠕行，从而导致意外事故（图6-20）。

图6-19　将变速杆置于P位，设置驻车制动并关闭发动机

图6-20　车辆因蠕行而导致意外事故

九、侧滑动门操作不当

1）请勿让儿童打开和关闭滑动门，否则可能切断其手腕和手指（图6-21）。在打开和关闭滑动门时，应确保门的附近没有人，并由成人操作。

2）当打开滑动门时，不要倚靠在滑动门上或从内部触摸它（图6-22）。否则拖拉门时，该乘员头部或身体将会被拖拉，并造成严重伤害，尤其是儿童。

图 6-21　请勿让儿童打开和关闭滑动门

图 6-22　打开滑动门时

3）在斜坡上打开滑动门时（图 6-23），应确保滑动门锁止，否则滑动门可能因重力作用自动关闭而导致严重事故。

4）在打开或关闭电动滑动门的过程中，虽然其安全装置检测到人或物体时会自动将门向与移动方向相反的方向移动，但是安全装置可能在车门即将闭合的时候不起作用，所以不要将手指放在门框内（图 6-24）。

图 6-23　在斜坡上打开滑动门时

图 6-24　不要将手指放在门框内

十、电动尾门操作不当

1）打开和关闭电动尾门时（图 6-25），应确保附近没有人，且必须由成人操作打开和关闭。在检测到尾门处有障碍物或积雪无法打开和关闭时，应先将障碍物清理，然后再操作。

2）不要用手推拉气压弹簧来关闭尾门（图 6-26），否则可能会夹住手或拉脱气压弹簧的支臂，导致意外事故。另外，不要将包裹挂在气压弹簧上，否则可能会引起弹簧损坏。

图 6-25　打开和关闭电动尾门时

十一、尾气中毒

汽车尾气中含有无色、无味和有害的一氧化碳。如果人吸入一氧化碳，则可能导致一氧化碳中毒，并严重损害健康甚至死亡。禁止在密闭狭窄的空间内打开空调或暖气的状态下，在车内睡觉和长时间休息（图 6-27）。

图 6-26　不要用手推拉气压弹簧

图 6-27　不要长时间在车内休息和等人

十二、电动升降玻璃操作不当

1）尽管电动升降玻璃系统中装有防夹装置，也要在关闭之前确认防夹装置是否起作用，以防夹到手指（图 6-28）。防夹装置在遇到大的阻力时，会自动停止玻璃移动或自动打开玻璃几厘米。

2）行车过程中不要将头和手伸到车窗和天窗之外（图 6-29）。即使在车窗玻璃关闭状态下，也不要将脸或手贴在窗户或天窗上，尤其是孩子。

图 6-28　不要夹到手指

图 6-29　行车过程中不要将头和手伸到窗户和天窗之外

十三、涉水驾驶操作不当

1）不要在水淹的道路或深水坑中行驶（图 6-30），否则可能会导致发动机熄火、电气组件短路、发动机损坏等。

2）如果汽车被淹，应立即与救援机构联系打捞。即使车内的水已经排净，也不要起动发动机（图 6-31）。对于电动汽车、插电式混合动力汽车不能高压上电。

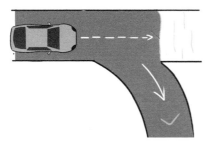

图 6-30　躲避水淹道路

在积水中熄火的车辆千万不要再尝试起动发动机

图 6-31　车被淹

3）在涉水之前，应确保要行驶的方向与变速杆的位置匹配（图 6-32）。在上坡时，松开制动踏板时即刻向前或向后移动，同时保持车速；否则可能导致发动机熄火时没有真空助力，制动器会失效，同时转向盘也变得非常沉重，可能导致意外事故。

4）如果电动汽车被水淹没，将车辆打捞出来后应拆下电池负极端子（图6-33），特别是在被海水淹没的情况下。海水具有导电性，可能引起电气系统短路，导致车辆起火。拆下端子之前，务必关闭点火钥匙。

图6-32　变速杆位置

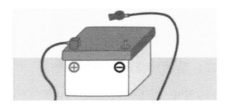

图6-33　电池操作

十四、支撑车身不稳定时

1）用千斤顶举升车辆时（图6-34），应将汽车停在平坦且坚硬的地方。对于自动变速汽车，将变速杆设置为P档，熄火并拉起驻车制动器。对于手动变速汽车，应关闭发动机并将变速杆设置为R档，拉起驻车制动器。

2）在顶升轮胎对角线的轮胎之前和之后放上石块，防止作业过程中发生溜车（图6-35）。如果车轮制动失效，则可以使用较大的石头倚在轮胎处。

图6-34　用千斤顶举升车辆时

图6-35　防止作业过程中发生溜车

3）确保将千斤顶支撑在指定位置（图6-36）。不正确的千斤顶定位可能导致车辆凹陷或在举升过程中脱落，从而造成人员伤害。

4）更换轮胎时，应密切注意周围的情况。另外，车辆被顶起来后，不要晃动车身，否则车身从千斤顶掉落可能导致严重伤害。另外禁止人员进入车下作业，这可能会引发严重事故（图6-37）。

图6-36　确保将千斤顶支撑在指定位置

图6-37　更换轮胎时

十五、乘车儿童乘车监护不当

1）离开汽车时，务必带走孩子。盛夏时车内温度高（图6-38），驾驶室内的温度可能高达80℃，这会导致车内人员中暑等严重事故，甚至死亡。

2）如果将孩子一人留在车内，他触摸或玩耍驻车制动器手柄、电动车窗、点烟器等（图6-39），都可能会导致意外事故，特别是在使用儿童专用安全座椅（ALR）的情况下。安全带张紧机构意外作动，并且安全带将无法拉出，从而导致儿童受到严重的伤害，例如窒息。

当成人把钥匙留在车里时，如果孩子不小心在车内把门反锁上，那么成人可能无法从外部打开车门，儿童将被困在车内，造成窒息死亡事故（图6-40）。

3）孩子摆弄安全带，将安全带缠绕在身体上（图6-41），并且激活了儿童座椅安全带张紧机构，使安全带无法拉出，可能导致严重伤害。因此切勿让孩子玩安全带。

图6-38 车内温度很高

图6-39 孩子在车内玩耍

图6-40 勿必带孩子下车

图6-41 安全带缠绕风险

第二节 纯电动汽车安全驾驶

电动汽车具有一些与传统燃油汽车不同的特征，因此应注意它所带来的新的风险。下面给大家举三个示例来说明。

一、加装蜂鸣器

电动汽车行驶时，没有发动机的轰鸣声，比较安静（图6-42），路人容易忽视车辆的接近而不去避让，导致碰撞事故。因此电动汽车上应该配置接近蜂鸣器，提醒行人有电动汽车接近。

当发现车上的蜂鸣器不响时，应及时维修。

图 6-42　电动汽车行驶时比较安静

二、注意制动距离

电动汽车上采用了电制动与液压制动联合作用，当电动汽车上动力电池的电量比较高或电池系统有故障时，电制动不起作用，这时制动距离会变长（图 6-43）。驾驶员需要提早实施制动，避免发生碰撞事故。

三、低温充电时间

在低温时，为了保护电池，充电控制系统会减小充电电流。充电电流越小，充电时间越长，因此气温低时充电时间会相对延长（图 6-44）。

图 6-43　需要更长的制动距离

图 6-44　气温低时充电时间会相对延长

第三节　智能汽车安全驾驶

近年来，汽车智能化技术发展迅速，汽车智能化功能主要表现为：

1）可观测到的驾驶场景区域扩大。车载计算机能检测到的东西比人类驾驶员更多、更广，比如无人驾驶汽车可以 360° 环视，可以在夜间借助红外图像识别前方的障碍物，可以看到倒车盲区和超车并线时盲区内的障碍物，这就消除了驾驶员场景识别错误带来的事故风险。

2）在紧急情况下会督促驾驶员快速响应采取紧急措施。

3）在危险情况下，驾驶员因注意力不集中，或采取的措施不果断或不正确，智能汽车则会代替驾驶员自动采取措施避免事故的发生。

4）减轻驾驶员的负担，比如可以在高速公路上自适应巡航，可以在城市拥堵的道路上启动车辆跟随前车停进。

通过本节的学习，你可以认知车上已装的智能化装置（即高级辅助驾驶）的功能，这些功能开启与关闭的条件（比如在哪个速度区域才能起作用），掌握接管车辆的时机，避免因不熟悉这些功能错误的操作，引发事故学会如何去运用它们。不同品牌，不同年款，辅助驾驶配置会有所不同。针对具体某个车型的智能功能配置情况，读者需要阅读该车的用户手册。

一、自适应灯光控制系统

1.概述

图 6-45 当会车时，自动将前照灯从远光灯
切换为近光灯

当会车时，该系统自动将前照灯从远光切换为近光（图6-45），当对向车辆远去后再转换成远光。这样既可以避免引起对向车驾驶员眩目，又可以使本车及时地切换回远光，更早地检测到行人，以减轻驾驶员的负担，避免碰撞事故发生，从而更安全地驾驶。

2.系统开启与关闭

在将前照灯开关置于 AUTO 模式下行驶时，若计算机检测到的光线比较弱，则将车辆的远光保持在打开状态，如图6-46所示。

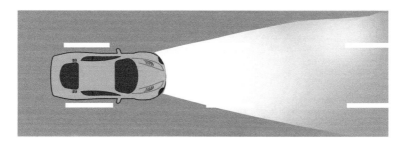

图 6-46 当计算机检测到光线比较弱时，将车辆的远光灯保持在打开状态

如果检测到对向来车，则前照灯将自动从远光切换为近光，如图6-47所示。当对向车辆远去后，或者前方的车辆在安全距离以外时，前照灯设置将切换回远光灯。

图 6-47 检测到对向来车时，前照灯将自动从远光切换为近光

3.系统工作原理

位于前风窗玻璃上部的前置摄像头（图6-48）可检测到对向来车和前车灯光的强度。当车辆以大约 30km/h 或更高的速度行驶时，自适应灯光控制系统将开始运行。根据光照强度，系统会自动将前照灯从远光切换为近光。当对向车辆远去后，系统会自动将前照灯设置切换回远光。

要激活自适应灯光控制系统功能，只需将前照灯开关转到自动位置。向前推动前照灯杆，仪表板将显示自适应灯光控制系统开启指示灯。如

图 6-48 双目摄像的位置

果在明亮的市区（如路灯开启），并且车速约为 15km/h 或以下，则该车固定为近光；如果速度超过 25km/h，则它将随时自动切换到远光。

> **注意**：目前该系统的功能尚有局限性，在特殊天气或道路状况下可能无法正常运行。请注意安全驾驶，确保车辆之间有足够的距离。另外该功能的技术先进性和设置条件因车辆型号和等级而异。

二、前照灯随动系统（Adaptive Front - Lighting System，AFS）

据日本统计数据（图 6-49），约有 70% 的行人与车辆碰撞事故发生在夜间，因此提高夜间能见度非常重要。AFS 技术就是通过控制光线分布适应路况，来改善夜间的可见性。

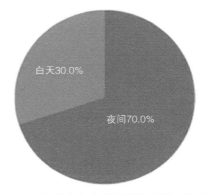

图 6-49　日本发生在夜间的道路交通事故的比例

AFS 会根据车速和车辆转角，自动打开近光灯并调整照射区域（图 6-50），把照射区域从 50m 提高到 90m 左右，以为驾驶员提供更好的视野，从而减少夜间发生事故的可能性。

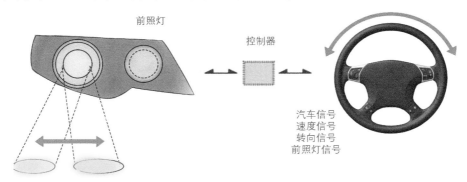

图 6-50　前照灯照射区域的调整

1. 弯道行驶

如图 6-51 所示，车辆在蜿蜒的道路上行驶时，AFS 会根据道路的曲面更改照明模式给予光照补偿，从而有助于增强夜间视野。

2. 十字路口行驶

如图 6-52 所示，车辆在交叉路口时，AFS 将照亮所选的转弯方向，或向左或向右。当车辆停下时，车前右侧灯光照射区域不变。

图 6-51　弯道照射区域调整

图 6-52　十字路口照射区域调整偏向转弯方向

如图 6-53 所示，AFS 根据车速和转向盘的转向角度调整前照灯的照射范围，可以提高向右转、向左转、转大弯时的可见度。

AFS 功能可以通过仪表板按钮进行设置，开启 AFS 功能时组合仪表上会有指示灯指示。AFS 开启后不会马上工作，需要自学习以后才能工作。停车时，如果转向盘向右侧转，前照灯就照射右侧；如果向左转，前照灯不会照射左侧，以防止引发交通事故；当变速杆置于倒档时，AFS 会自动关闭。

感应式前照灯调节系统会根据行驶和装载条件（如乘客数量和行李）导致的车辆高度的变化，调整近光灯垂直轴方向照射的面积。

如果感觉前照灯不聚焦，应与经销商联系，安排维修。

按下仪表板按钮可调整灯光的亮度：按下"+"按钮，灯光亮度提高；按下"–"按钮，灯光亮度降低。

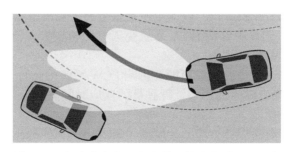

图 6-53　提高向右转、向左转、转大弯时的可见度

三、前向碰撞预警

前向碰撞预警（Forward Collision Warning，FCW）系统是一种高级辅助驾驶功能，它使用毫米波雷达监控前车与本车之间的距离和相对速度（图 6-54）。当满足报警条件时，该系统初期会发出警告声来提醒驾驶员注意车距；若车距仍持续接近，则车辆便会先自动稍微制动并轻拉安全带两三次来警告驾驶员；若系统判定碰撞无法避免，则一般是在距离 5m 内，启动紧急制动（AEB）程序，同时立刻拉紧安全带固定驾驶员，以减少意外发生后的伤害。

1. FCW 系统典型应用场景

一般来说，以下几种场景下，FCW 系统将发挥作用。

1）前方有障碍物时（如前方的车辆），本车车速很快，前方车辆突然减速。

2）行车时未注意保持安全车距，与前车距离过近。

3）前车驾驶员操作不规范，如突然减速转弯，而且未打转向灯。

4）前方车辆避让行人时突然减速，但本车驾驶员没有注意到前车制动，制动不及时。

图 6-54 毫米波雷达监控前车与本车之间的距离和相对速度

2. FCW 功能的局限性

FCW 功能的具体表现与它本身的技术配置有很大关系，因此具体表现差别很大。车型不同，配置方案也有所不同，除了感知方式（图像、雷达、激光等）、预警方式（声音、视觉、触觉等）不同外，还包括：

1）感知能力：针对前方车辆的感知能力不同，有的可以实现对不同车型的感知，有的则不能。最好能实现对不同车型的检测。

2）运行车速：目前很多车型设置 FCW 系统在车速低于 40km/h 时不运行，也有一些车型设置只在车速低于 30km/h 时运行，以适用于车流量大的城市道路。

3）恶劣天气：基于图像感知的 FCW 系统受天气影响较大，比如在暴雨、大雾、强光等天气下可能会造成 FCW 系统误报。

4）道路状况：在非正常道路行驶可能会影响 FCW 系统的运行，比如急弯或陡坡。

另外，人的因素也会有较大的影响。驾驶员的反应时间、疲劳/酒精或注意力不集中等都会影响 FCW 系统的效果。

5）还有的车辆配置更高级的智能紧急制动（Intelligent Emergency Brake）。

6）有的混合动力汽车使用多个感测摄像头和雷达来检测前方的车辆和行人。当检测到可能发生碰撞时，将用显示屏和蜂鸣器提示驾驶员避免碰撞。如果驾驶员仍然没有实施减速，则 FCW 系统将激活制动器实施避免碰撞的操作，或减少发生碰撞时的损坏和伤害。FCW 系统主导的制动分三个阶段，如图 6-55~ 图 6-57 所示。

图 6-55 提示驾驶员制动

图 6-56 实施轻微制动

7）高级辅助驾驶系统的作用是协助驾驶员安全驾驶，进行障碍物感知/警告或驾驶干预。该系统功能有限，可能会因天气或路面状况而无法运行，因此不能仅仅依靠该系统来保障安全，行车时要确保车辆之间有足够的距离。该系统的功能设置方法因车辆型号和等级而有所不同。

图 6-57　强制动

① 识别前车距离过近有碰撞风险时，实施轻微制动（图 6-58）。

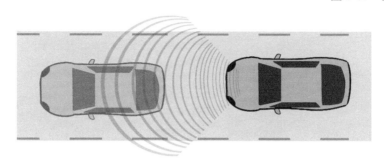

图 6-58　当识别到前方车辆距离过近有碰撞风险时，实施轻微制动

② 当识别到有行人横穿马路时，实施强制动（图 6-59）。

图 6-59　当识别到有行人横穿马路时实施强制动

四、后方防撞支持系统

1. 智能后方防撞支持（Back-up Collision Intervention，BCI）系统启动

当车辆倒车且车速小于 5km/h 或从停车位退出时，该系统使用安装在后保险杠上的四个超声波雷达和后保险杠左右两侧的盲点干预系统的毫米波雷达信号结合来检测障碍物，毫米波雷达可在距约 15m 检测到来驶车辆。超声波雷达可以侦测到 1.5m 以内以大约 24km/h 或更高的速度通过的车辆。如果系统检测到有车辆驶近，就会发出蜂鸣声，并使来车方向侧的 BCI 指示灯闪烁（注意这是一个公用的指示灯），同时在中控屏鸟瞰图上提示。如果接近车辆的速度太快或太慢，则系统可能不会检测到它。因此当倒出停车位时，应始终使用

后视镜和倒车镜，并朝着您要移动的方向观察。

当系统连续检测到有车辆驶入时（图 6-60），系统会在检测到的车辆方向上 BCI 指示灯闪烁。但是，系统在发出第一个警告大约 3s 后会再次发出"哔"声。如果这时有几辆汽车连续或以相反的方向接近（图 6-61），则在第一辆汽车通过传感器时，声呐系统会发出声音，而 BCI 系统不会发出提示音。如果系统在倒车时检测到有接近的车辆或障碍物，则发出蜂鸣声（三次），并在显示屏上用红色框警告驾驶员，同时立即制动。

当在对角停车位停车时（图 6-62），雷达传感器检测的范围会减小，也可能无法检测和激活 BCI 系统。

边倒车边转向时，随着车辆的转向（图 6-63），雷达传感器检测的范围会减小，也可能无法检测和激活 BCI 系统。

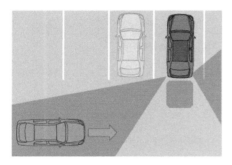

图 6-60　单车经过的情景

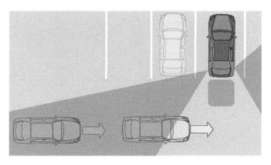

图 6-61　多车成排经过的情景

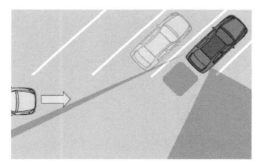

图 6-62　对角线停车

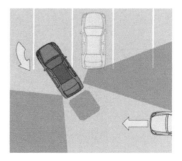

图 6-63　边倒车边转向

2. BCI 系统使用注意事项

在下述情况下，BCI 系统将自动关闭并发出蜂鸣声，另外 BCI 系统提示将显示在仪表显示屏上。

1）当系统检测到雷达被遮挡时。

2）当加速踏板执行器检测到内部执行电动机温度过高时，即 100℃或更高，持续 0.4s 以上。

3）雷达传感器可能会受到气候环境条件（例如飞溅的水、雾）的影响，如冰、霜或灰尘等物体会影响雷达传感器。

注意事项：

1）对于快速接近的车辆、小的障碍物或已经靠近保险杠的障碍物，BCI系统可能不提供警告或制动。

高级辅助驾驶只负责障碍物感知/警告或帮助驾驶员安全驾驶，在任何情况下均不会确保不发生碰撞。

2）该系统功能尚存在局限性，可能会因天气或路面状况，如雨、雾而无法运行。高级辅助驾驶技术和功能的设置条件会因车辆型号和等级而异。

五、车道偏离警告/车道偏离预防功能

上述三个高级辅助驾驶功能都是驾驶员驾驶车辆直线行驶时的碰撞避让功能，而智能车道偏离警告（Lane Departure Warning，LDW）/车道偏离预防支持系统（Lane Intervention，LI；Lane Departure Prevention，LDP）是避让车辆横向位移时的碰撞，是在驾驶员无意识的情况下，即驾驶员没有转向意图时，如果车辆行驶方向开始偏离正常轨迹，则车辆将在偏离车道时发出警告（图6-64）偏离的参照物是道路的标识线。

当车辆以大约60km/h或更高的车速行驶时，安装在后视镜上方的识别摄像机会检测车道标志线，并依此判断行驶轨迹是否偏离。如果发生偏离，则向驾驶员发出警告（声音和灯光警告，组合仪表板上车道指示灯变为橙色并闪烁）。

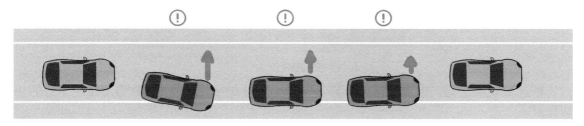

图6-64　车道偏离时的警告

1. LDW开启与关闭

有些车辆的LDW功能是出厂默认的，如果想关闭该功能，则需要进入车辆辅助驾驶菜单，用软开关关闭LDW功能。

注意事项：

1）仅当在道路上清晰可见车道标记时，LDW系统才起作用。

2）在某些车型上，例如日产聆风，LDW会提供转向盘振动（触觉）和视觉警告。

LDW系统使用位于前风窗玻璃上部的前置摄像头来确认车辆是否在行驶车道的白色（或黄色）车道标记内。摄像机安装的位置如图6-65所示，道路的标志线如图6-66所示，道路标志线的识别方法如图6-67所示。

图 6-65　摄像机安装的位置

图 6-66　道路的标志线

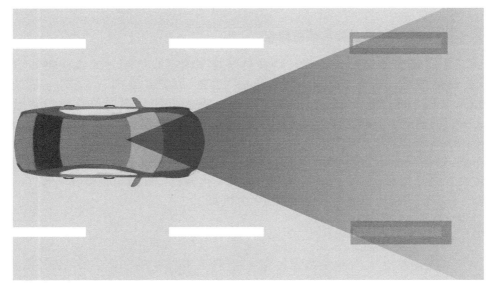

图 6-67　对道路标志线的识别

前风窗玻璃上部的前置、摄像头实时检测车辆前方的车道，并计算出车道与车身的相对位置。

如果车辆可能偏离车道，则蜂鸣器和显示屏将发出提醒信息，并在转向系统上产生回正力，协助车辆返回车道。

2. CI 功能

CI 功能有一定局限性。车道偏离后采取的制动措施如图 6-68 所示。

1）在以下情况下，LI 系统既不执行警报也不进行转向控制。

① 使用转向灯时（释放转向灯后约 2s 不工作）。

② 车速低于 60km/h。

2）在以下情况下，不执行转向控制。

① 踩下制动踏板时。

② 当转向盘已经操作至车辆轨迹变化的程度时。

③ 当智能定速巡航控制系统警报器响起时。

④ 激活智能碰撞预警（FCW）时。

⑤ 激活智能紧急制动时。

⑥ 激活紧急制动闪光灯时。

⑦ 在弯路上高速行驶时。

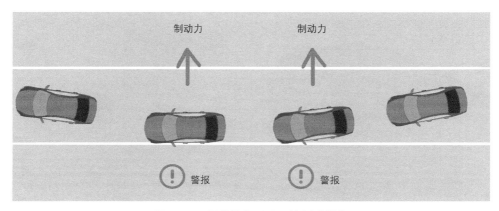

图 6-68　车道偏离后采取的制动措施

3）以下情况，该系统可能不能正常工作。

① 天气恶劣时（雨、雪、雾等）。

② 在潮湿的道路上行驶时，例如在结冰道路或积雪道路上。

③ 在陡峭的曲线路面上行驶时。

④ 在建设中的道路或行车路线受限的道路上行驶时。

⑤ 在狭窄的道路上行驶时。

⑥ 使用磨损的轮胎或充气不足的轮胎，使用备用轮胎和轮胎防滑链条，使用非原装轮胎或非主机厂经销商指定的轮胎时。

⑦ 使用非原装转向或悬架部件时。

4）在以下情况下，LI 系统无法准确检测出车道的范围。

① 在某条路上难以检测到车道标记（如模糊的车道标记，异常的车道标记，隐藏在水坑、泥土、雪中的车道标记等）。

② 在急转弯的道路上行驶时。

③ 在车道标记已清除但仍然可以看到残留标记的车道上行驶时。

④ 道路上有阴影、雪、水坑、车辙，路缝或维修标志。

六、侧后方车辆预警（Blind Spot Warning，BSW）

1. 单侧后方车辆检测警报

侧传感器的位置如图 6-69 所示。

1）当驾驶员决定改变车道时，如果检测到在驾驶员即将进入的车道中有接近的车辆（在 30~70m 范围内），则 BSW 会发出警告（图 6-70），然后激活偏航控制机制，通过车轮的制动控制放慢变道速度，来帮助防止潜在的碰撞。

2）若驾驶员开始变道时发现相邻车道有车辆驶来（距离汽车 30m 内），则车外后视镜旁边的指示灯和蜂鸣器发出警告，并且产生回正力以使车辆返回到原始车道。BSW 可协助驾驶员进行转向操作，避免与相邻车道上的车辆接触。

2. 双侧后方车辆检测警报

当安装在车辆后部左右两侧的侧面传感器（图 6-71）检测到后方相邻车道中 30m 内有车辆接近时，将通过车外后视镜旁边的指示器通知驾驶员。

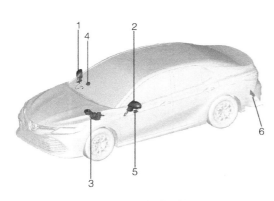

图 6-69　侧传感器位置

图 6-70　单侧后方驶入车辆的报警功能

1、2—车外后视镜总成　3—制动助力器总成
4、5—车外后视镜控制 ECU 总成　6—盲点监视器传感器

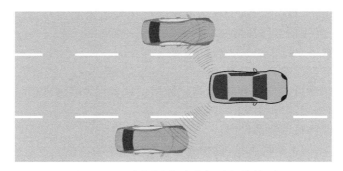

图 6-71　双侧后方都有车辆驶入的情形

3. 在以下情况下，该系统可能不能正常工作

① 恶劣天气（雨、雾、雪等）。

② 在湿滑的道路、例如冰冻的道路和积雪的道路上。

③ 在陡峭的弯道、陡峭的路面上行驶时。

④ 在建道路或行车道有限制时。

⑤ 在狭窄的道路上行驶时。

⑥ 轮胎磨损、压力不足时。

报警的方式如图 6-72 所示。

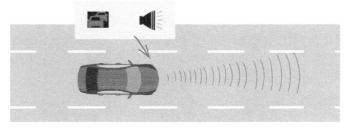

图 6-72　报警的方式

七、超车防撞功能（Intelligent Blind Spot Intervention，I-BSI）

I-BSI 系统的工作原理如下：

1）当车辆后保险杠上的雷达传感器在相邻车道的盲区中检测到车辆时（图 6-73），后视镜附近的指示灯会亮起，以警告驾驶员。

2）在与 1）相同的条件下，当驾驶员的车辆靠近与接近车辆在同侧的车道标志线时，系统会发出提示音。此外，最靠近车道侧的后视镜上的指示灯会闪烁，以提醒驾驶员。

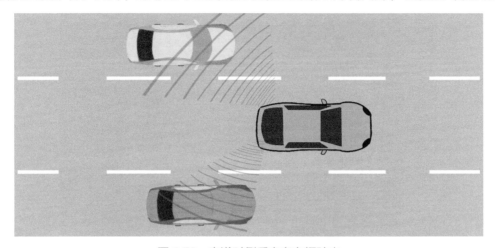

图 6-73　变道时侧后方有车辆驶来

八、自动转向

自动转向（Direct Active Steering，DAS）系统与 BSI 系统的工作原理十分相似，区别是当发现险情时，DAS 系统不是直接制动，而是通过转动转向盘进行避让。

车辆在直线行驶过程中前方突然出现障碍物时，驾驶员可能做出下列判断和决定：前方是什么？我应该避免碰撞吗？我应该制动吗？

如果驾驶员反应不够快，则可能会发生追尾碰撞。在这种情况下，自动转向系统在确定碰撞不可避免时会采取紧急制动措施，帮助驾驶员避免可能的碰撞。同时，系统每个车轮施加制动力，以帮助车辆返回其原始车道，从而帮助驾驶员避免碰撞（6-74）。

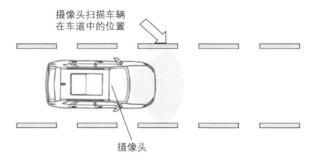

DAS可以与车道保持系统配合，摄像头发现车辆偏离车道现象时，DAS会适时启动并自动输入转向信号，帮助车辆回到正确行驶轨迹上

图 6-74　系统功能

DAS 系统会计算本车和周边车辆的车速、前后车的距离，当发现仅通过制动无法避免与前方障碍物碰撞时，它将选择没有障碍物的方向（逃生区）并将车辆自动转向逃生区以帮助避免碰撞。这种情形不但发生在汽车直线行驶时，也会发生在汽车转弯变道时。

自动转向功能对周边危险的判断如图 6-75 所示。

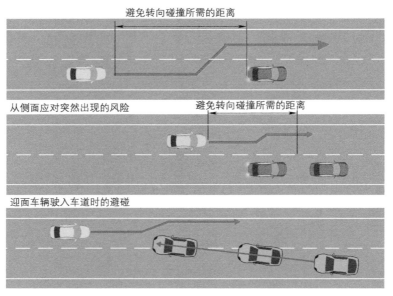

图 6-75　自动转向功能对周边危险的判断

车辆行驶位置的控制如图 6-76 所示。

图 6-76　车辆行驶位置的控制

九、加速踏板容错功能

发现前方有墙壁、行人及后边有墙壁等情况分别如图 6-77~ 图 6-79 所示。加速踏板容错系统会通过控制驱动力和制动力防止与障碍物碰撞或过度加速。

图 6-77　发现前方有墙壁

图 6-78　发现前方有行人

该功能不仅可以识别墙壁，还可以识别便利店和其他商铺的玻璃，避免车辆向前或向后移动时发生碰撞。有些混合动力电动汽车还具备检测前进方向行人的能力。

当汽车以小于 15km/h 低速前进或后退时、车载传感器发现路上有任何障碍时、加速踏板在大约 1/2 或更大的加速位置时，系统会激活低速加速度抑制功能，并减少发动机输出功率的时间约 6s，同时发出警告声，监视器上的警告灯闪烁（图 6-80）。

图 6-79　发现倒车时后边有墙壁

图 6-80　仪表盘报警情况

注意事项：

1）行人检测功能目前仅适用于混合动力电动汽车。

2）系统运行时车辆的行驶速度约为 5km/h 或更高。车辆静止以及车速约为 80km/h 或更高时，该系统不工作。

1）对于以下障碍，它可能不起作用：

① 过高的障碍物。

② 柔软并容易吸收声波的障碍物，例如海绵和雪。

2）在以下情况下可能无法使用：

① 声呐上有雨、雪、冰、污物等。

② 周围有很大的声音时。

③ 周围有物体会发出超声波时。

④ 当障碍物倾斜在车辆的前部或后部时。

⑤ 连续两次停止 2s 后，制动器会自动释放，车辆开始行驶。

十、智能巡航功能

在高速公路或快速路上使用的智能巡航控制（Intelligent Cruise Control）系统具有以下功能：

1）智能巡航控制原理（表6-1）。

表6-1　智能巡航控制原理

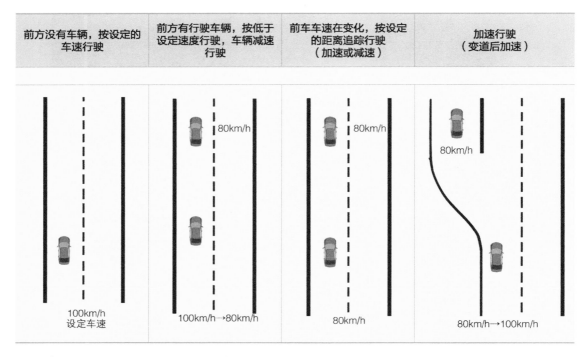

前方没有车辆，按设定的车速行驶	前方有行驶车辆，按低于设定速度行驶，车辆减速行驶	前车车速在变化，按设定的距离追踪行驶（加速或减速）	加速行驶（变道后加速）
100km/h 设定车速	100km/h→80km/h	80km/h	80km/h→100km/h

①　如果未检测到本车前方有车辆，则本车速度保持恒定，等于驾驶员设定的车速（约30km/h或更高）。

②　如果检测到本车前后有车辆行驶，则测量前车的距离，并按照驾驶员设定的速度设定两车之间的距离。

2）导航协调功能。根据导航系统中的信息和驾驶员设置的车速，使车辆能够以与前方弯道相对应的速度行驶。

3）恒速控制功能。

①　以驾驶员设定的恒定车速行驶（约40km/h或更高），不控制车辆之间的距离。

②　以驾驶员设定的车速为上限行驶，与前车保持恒定的距离。系统始终控制车速以减轻驾驶员负担，并提供舒适的驾驶体验。在100m范围内，如果车速低于25km/h，则系统将自动停用。当本车以100km/h的速度行驶时，车辆间的距离或可设为：长，约60m；中，约45m；短，约30m。它会与导航功能配合使用，识别出弯道并进行减速。为了使系统正常运行，请记住这一点。

> **注意事项：**
>
> 雷达传感器安装在车辆的前部。始终保持雷达周围区域清洁，不要用力擦拭，不能用高压喷枪和蒸汽清洗雷达。
>
> 若雷达传感器或其附件部分变形，智能巡航系统不工作，请联系修理厂进行维修。
>
> 不要改装、拆卸或涂装装有雷达传感器的外饰件。

十一、智能踏板（二合一踏板）

智能踏板（车距保持支持系统，Distance Holding Support System）在频繁加减速的情况下，可帮助驾驶员保持安全距离，并减轻驾驶员的负担。

在跟随前面的车辆行驶时，驾驶员可释放加速踏板，该系统将平稳地制动和减速。

电子油门技术（e-Pedal）让驾驶员只需操作此踏板即可应付日常生活中 90% 的驾驶状况，尤其在市区走走停停时，减少右脚须不断变换踩踏加速踏板或制动踏板的动作，从而大大减少驾驶员精神与体力的耗费。

汽车智能踏板工作原理（示例）如图 6-81 所示。

1）当前后车距小于设置的距离时，如果驾驶员踩下加速踏板，则该系统会产生一个向后的推力，使加速踏板返回到零位置。如果系统确定需要驾驶员进行制动操作，则点亮警告灯并发出警告声音，向后推加速踏板，并产生制动踏板的作用力。

2）智能踏板功能（加速和制动均使用一个踏板）。

① 当以恒定速度行驶或想要加速时，驾驶员踩加速踏板。

② 当接近前方车辆时，若驾驶员松开加速踏板，则系统会平稳制动并减速。

③ 同样，当前车停车时，本车也将相应停车。如果驾驶员继续踩下加速踏板，则系统支持反推加速踏板的操作。

④ 当系统确定需要驾驶员制动时，蜂鸣器和显示屏会警告驾驶员。如驾驶员仍踩下加速踏板，则系统会产生向后推加速踏板的力使车辆由加速状态转为制动状态。

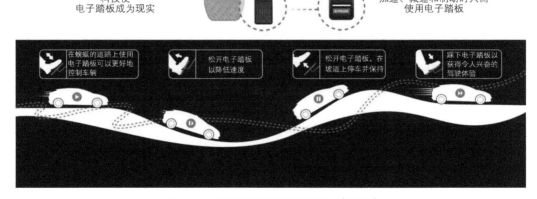

图 6-81　汽车智能踏板工作原理（示例）

十二、L3 级别智能驾驶

智能驾驶技术的出发点与辅助驾驶（帮助驾驶员）不同，L3 级别以上的系统会自己独立决策。

以下内容以日产天际线为例，加以说明。

1. 技术特点

1）360° 全面感知。7 个摄像头，包括正面及具有不同检测角度的三目摄像头（图 6-82）、5 个毫米波雷达和 12 个超声波雷达。摄像头用于检测道路白线、标志和周围的车辆。这个配置比高级辅助驾驶要高。全景显示如图 6-83 所示。

智能环视监视器具有检测移动物体的功能。

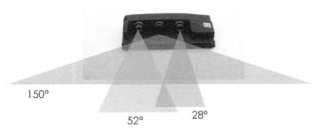

图 6-82 三目摄像头

图 6-83 全景显示

在停车场中，监视器上显示的场景好像是从顶部往下看车周边的图像，以支持驾驶员平稳地停车。屏幕可以在"俯视图""侧视图"和"宽视图"（在 P/D 位为前，在 R 位为后）三种视图之间切换。此外，它还可以检测到车辆周围的行人和自行车，并在智能环视监视器和蜂鸣器的显示屏上显示移动物体的信息，从而提高了行驶的安全性。

注意事项：

① 智能辅助设备有助于驾驶员安全驾驶，但不能防止在所有情况下的碰撞。该系统的辨识能力有限，在某些天气或道路状况下可能无法运行。牢记安全驾驶，确保车辆之间有足够的距离。L3 级别智能驾驶技术和功能的设置条件因车辆型号和等级的不同而有所不同。

② 可以在显示屏上确认的范围是有限的，并且不会大于摄像机的视角范围。应始终使用倒车镜或眼睛直接观察车辆周围的安全性。

③ 从车辆上方俯视的图像会带有接缝，物体和车辆视图可能不连续，并且可能无法显示过高的物体。此外，物体或汽车图像会变形，并且显示的距离比实际距离更远。

④ 运动物体检测功能是通过通知驾驶员车辆周围的运动物体来实现安全性确认的，并非所有移动物体都能被检测到。驾驶车辆时，应直接用倒车镜或眼睛观察确认周围的安全性。

2）3D 高精度地图数据（图 6-84）。3D 高精度地图数据不仅可以提供路径信息，还可以以厘米级的精度提供道路信息，例如路面的坡度和交通标志线的颜色。结合 360° 感知信息，使驾驶员驾驶车辆时可以像乘坐高铁一样准确而安全。

3）智能人机交互界面。

① L3 级别汽车配置先进的驾驶辅助显示器。大屏幕上可以显示各种彩色图形信息，例如 360° 感知信息，智能驾驶系统的操作状态、换道建议以及系统接管的可能性。人机交互界面如图 6-85 所示。

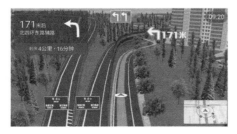

图 6-84 动态地图

图 6-85 人机交互界面

② HUD 系统可以显示车辆的行驶信息，使驾驶员更轻松的观察到车辆的行驶状态。HUD 系统如图 6-86 和图 6-87 所示。

图 6-86　HUD 系统 1

图 6-87　HUD 系统 2

③ 驾驶员状态监视器。在驾驶时组合仪表板顶部的红外摄像头会检测驾驶员面部的方向和眼睛的睁 / 闭状态。如果发现驾驶员没有注视前方，监视器就会发出警报。如果这种情况一直持续，车辆将逐渐减速至停车，同时会在危险坡道处点亮危险警告灯，提醒其他过往车辆。届时，紧急呼叫（SOS）智能系统将与紧急呼叫中心建立语音连接，并视需要联系警察 / 紧急处理中心，以抢救车辆和人员。

驾驶员状态监控系统如图 6-88 所示。

2. 日产天际线的 L3 级别无人驾驶功能的实现

2019 年款日产天际线车型采用的是 ProPilot 2.0 无人驾驶软件，在高速公路上具有如下功能。

1）自动变道。车辆可以在高速公路上按设定的速度选择道路行驶。

2）自动超车。如果前车的速度低于本车设定的速度，则系统会向驾驶员建议改道。当驾驶员将手放在转向盘上并批准超车操作时，车辆自动开始超车，驾驶员只需将手放在转向盘上并操作转向信号灯，即可轻松更改车道。

3）跟随动作。跟随前车行驶时驾驶员可以在高速公路上自行操纵转向盘，也可以在同一车道上放手由智能系统接管车辆。驾驶员脱手状态如图 6-89 所示。系统会注意前方的道路并根据道路交通标志和本车的状况做出响应。

图 6-88　驾驶员状态监控系统

图 6-89　驾驶员脱手状态

3. 功能的局限性

1）ProPilot 2.0 不是全路况自动驾驶设备。驾驶员应始终负责观察车辆的运行状况和车辆的运动，操作转向盘、制动踏板和加速踏板，以便安全驾驶。此外，ProPilot 2.0 不会对侧面的车辆做出反应。在交叉路口或弯道上行驶时，或在相邻车道上有大型车辆行驶时，应特别注意周围的车辆并根据需要操纵转向盘。

2）ProPilot 2.0 是一个驾驶辅助系统。驾驶员在同一车道上直线行驶时可以由系统接管，但要始终注意前方，当进入无法由系统接管的区域时，系统会提前通知驾驶员。驾驶员应根据道路、交通状况和自车状况判断是否接管车辆，如在车行道、隧道内、急弯处、收费站 / 汇合点以及之前，不能由系统接管。驾驶员应自行操纵转向盘。

3）务必在使用前阅读使用说明书，了解 ProPilot 2.0 的操作方法和重要的预防措施。

4. ProPilot 2.0 初始设置

可通过转向盘右侧的开关进行设置，通过导航地图设置路线，如将高速公路入口设为起点，将高速公路出口设为目的地。功能设置界面如图 6-90 所示。

通过操纵 ProPilot 2.0 的 ON/OFF 键来设置行驶速度、车距（长 / 中 / 短）和打开 / 关闭自动超车的车道变换功能。设置按键如图 6-91 所示。

图 6-90　功能设置界面

图 6-91　设置按键

5. 说明

ProPilot 2.0 无法应对以下障碍：

1）行人、动物等。

2）坠落物体。

3）施工期间安装的塔架等。

因山体滑坡使前方道路突然中断时，前车可能会被延迟识别或不能识别出来。驾驶员应始终注意前方的情况，并在必要时操作制动踏板和转向盘。

十三、ESS 紧急停止信号功能（ESS，Emregence Stop Signal）

根据欧洲经济委员会第 48 号条例，ESS 功能（紧急停止信号）功能是指车辆在紧急制动时向车辆后方的其他道路使用者发出指示信号。欧盟要求对道路车辆强制实施 ESS 功能。

车辆在高速行驶中紧急制动时，制动灯会自动闪烁，而不是过去的后制动灯长亮的模式，以通知后车制动。ESS 系统的工作原理如图 6-92 所示。

紧急停止信号的主要目的：

1）防止发生追尾事故。

2）为周围的所有人提供更安全的驾驶条件。

3）提高安全性以减轻伤害。

大多数追尾事故都是因为后车没有足够的时间对前车的行为做出反应。有经验的驾驶员可通过预判紧急停车，这是避免发生追尾的方法之一。

紧急制动时危险灯闪烁

图 6-92 ESS 系统的工作原理

这些情况大多数发生在意外的时刻，这就是 ESS 系统成为标配的理由。驾驶员全力制动时，会影响对汽车周边情况的观察。驾驶员也可能会惊慌失措，突然变道而发生新的危险（如后车无法及时停车），毫秒间可能会发生很多事情。

ESS 功能可以使转向灯闪烁，以警告周围车辆本车正在减速和 / 或切换车道。

当驾驶员踩下制动踏板时，制动灯亮起 + 转向灯每秒闪烁 4 次。当驾驶员踩下制动踏板并且车辆检测到紧急减速时，制动灯将在 1s 内闪烁 4 次。这一功能可以防止因可见度差而导致后车追尾碰撞。

第一节 着装要求

汽车维修作业要求作业人员着工装上岗。这种要求不仅是一种职业素养上的需要，更是保护人身安全的需要。新能源汽车上装载着高压电池，因此对新能源汽车维修人员的着装要求要比传统汽车维修人员更加严格。

工装的肥瘦、袖子的长短要得体。袖子过长，会绞入发电机的传动带中，如图 7-1 所示。在有些作业场所，作业人员还需要佩戴安全帽，如图 7-2 所示。下地坑时要走台阶，不能直接跳下去，如图 7-3 所示。

图 7-1 袖子绞入发电机传动带中

图 7-2 在地坑车下作业时没有戴安全帽

图 7-3 下地坑时要走台阶，不能直接跳下去

第二节 举升车辆和拆卸作业

举升作业在汽车维修作业中发生事故较多的作业形式，比如在日本统计的汽车维修企业 150 种事故案例中，举升事故有 50 种，占 1/3。整车举升作业具有举起重量大、举升高度高、举升机多样化的特点。举升装置分为举升机、千斤顶、重箱体举升设备、吊装设备等。学员需要在汽车维修课程中熟悉这些设备，知道其用途、工作原理、操作要领、安全保护机制和每天安全检查内容，熟悉举升机举升作业常见事故类型和应对措施（表 7-1）。

表 7-1　举升机举升作业的事故案例

阶　段	事　故
设置阶段	作业人员 A 操作举升臂和调整垫块，作业人员 B 不小心操作了举升键，导致 A 受到挤压、物体打击类的伤害。另外就是车辆驶上举升机时控制不好，对周边人员造成冲撞进而导致伤害
升起阶段	举升车辆时坠落对人体造成伤害，或升高的物体和人刮碰，导致其受到机械伤害
高空停止和操作阶段	车辆在高空中，作业人员对车上总成拆装时破坏了举升机支撑平衡，或者因举升机故障而导致车辆坠落，使作业人员受到机械伤害
下降阶段	在车辆下方和两侧的作业人员被挤压或擦碰，受到机械伤害

一、举升机使用的安全问题

1）安装的地基一定要牢靠，现在很多建筑地面的承载能力是不够的。

2）一定要每天检查举升机。要检查电路、油路、机械传动机构和安全锁止机构，确保其完好。一定要及时更换损坏的零部件，而且要使用原厂的零部件。

3）操作举升机时，要坚持单人检查、单人设置、单人操控的原则。

4）除了注意第三章第三节提到的那些问题外，还要注意下列三类问题：

① 举升机升起时要确认周边没有作业人员，以免发生刮碰（图 7-4）。

② 车辆举升后不允许对车辆摇摆和晃动进行调整，以免车辆失去平衡，从举升机上坠落，如图 7-5 所示。

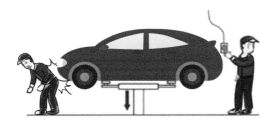　

图 7-4　举升时刮碰到其他作业人员　　　　图 7-5　车辆举升后不允许对车辆摇摆和晃动进行调整

③ 防止其他操作破坏举升机的平衡，如发动机举升台架举升时破坏了车辆的平衡，如图 7-6 所示。

二、千斤顶抬高作业的安全

修理厂使用的千斤顶的类型较多，有液压式、机械式以及电液式等。千斤顶主要用于临时抬高车辆的一端，在车辆的两侧、前端或后端作业，而非车下作业。如果车辆被抬得太高，车辆就很难平衡，车辆的姿态也不稳定，作业时还要注意以下事项。

1）不允许将千斤顶支撑在坑坑洼洼的路面和柔软的路面上。

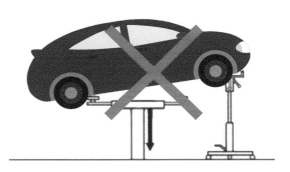

图 7-6　发动机举升台架举升时破坏了车辆的平衡

2）使用千斤顶支撑车辆时不允许作业人员钻到汽车下面作业。

3）千斤顶抬高车辆后需要用骑马凳进行保护。骑马凳失衡情景如图 7-7 所示。

4）禁止千斤顶与举升机混用（图 7-8）。

5）千斤顶支撑点应该是车身设计允许的受力点（图 7-9）。

6）吊装零件总成时，要小心总成的落点，不能让下落的总成破坏车体的平衡。被吊起的变速器落在车身上破坏车身的平衡如图 7-10 所示。

图 7-7　骑马凳失衡

图 7-8　不能与其他举升设备共同支撑车辆

图 7-9　支撑受力点不对

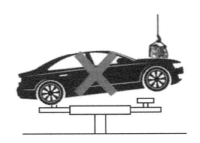

图 7-10　被吊起的变速器落在车身上破坏车身的平衡

三、吊装作业

对于比较重的总成，为了避免维修人员抬下抬上时拉伤肌肉，通常采用液压举升架或吊装设备。举升架有电动的、机械的，还有液压的，主要用于发动机、变速器、前后桥（从车上）的拆装。在总成的位置发生移动时，推荐使用吊装设备。在吊装过程中，重物固定不牢、设备故障、吊装物体摆动与作业人员碰撞、吊装物与车辆接触是引发事故的主要原因。常用的吊装设备有折叠式吊机和小行吊等。

折叠式吊机示例如图 7-11 所示。小行吊示例如图 7-12 所示。

图 7-11　折叠式吊机示例

图 7-12　小行吊示例

吊装作业中常见事故类型除第三章第三节介绍过的类型外，还应注意：被举升的总成一定要捆绑牢靠，以免总成移动时坠落（图 7-13）。

被吊装的重物在移动中不能与高空中的车体刮碰，如图 7-14 所示。

图 7-13　举升的重物脱落砸伤

图 7-14　与车辆刮碰导致车辆平衡破坏

吊起的重物不允许在空中摇摆，如图 7-15 所示。

吊起的重物不允许在空中上下窜动，如图 7-16 所示。

图 7-15　吊起的重物在空中摆动

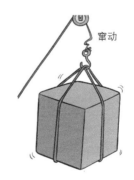

图 7-16　吊起的重物上下窜动

四、电池包举升作业

电池包的举升是新能源汽车维修带来的新问题，其特点是：

1）重量偏大。电池包重量一般在 200kg 以上，更换电池包时必须借助举升设备。

2）对被吊装或举升的电池包的安全保护要求高（图 7-17）。作业时除了要注意上述内容外，还有一个支撑点选择问题。如果支撑点选择不正确，则可能会导致电池包外壳变形，从而导致电池包内部的电芯变形和电芯间的短路，造成触电和着火事故。

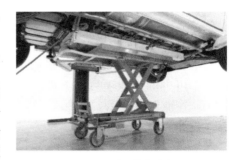

图 7-17　托举电池包

注意：拆装电池的要领是拆装时先托举电池包，使得电池包的固定螺栓不再承受重力，然后松掉电池包螺栓，再把两柱式举升机提升一定的高度。提升高度要根据具体车型来定，然后横向移动举升机，把电池包移出车辆至维修工位，再用吊装设备把电池包吊到电池包维修工作台上。

为了防止举升设备损坏电池包外壳，举升前要在举升设备上放置垫木，如图 7-18 所示。电池包的举升设备可选择电动式、液压式和手动式。

图 7-18　在电池包与举升机接触面上要加上垫木

在拆装电池包之前，要查看该车型维修手册，然后对照实车找到电池包的固定点。图 7-19 给出了某款电动汽车电池包的固定点。

图 7-19　电池包的固定点

设计电池包时，设计人员会在电池包底座上设置吊装受力点。在吊装电池包时，吊带要固定在这个吊装受力点上（图 7-20）。

五、更换轮胎作业

拆卸轮胎是轮胎保养、制动系统保养和悬架系统保养时必不可少的作业项目，修理厂几乎每天都会遇到这样的作业。作业时除了要注意第三章第三节的案例中提到的那些问题外，还要注意以下问题。

1）作业结束时（下降车辆时），一定要环绕车辆一周巡视，确保无误后才可以放下千斤顶。

2）千斤顶的控制臂不能伸出，以免绊倒他人。

3）机械千斤顶一定要卡在汽车边梁的凸出位置上（图 7-21 和图 7-22），以确保不会滑倒。

4）被拆下的轮胎要么平放在地面上，要么放在轮胎架上（图 7-23），不可以斜靠在墙上。轮胎滑倒会伤到作业人员的脚踝，特别是客车、货车等用的大型轮胎。

图 7-20　电池包吊装带的使用

图 7-21   千斤顶位置

图 7-22   更换轮胎时，千斤顶支撑要卡到位

图 7-23   轮胎放置要安全

第三节   扒胎、动平衡和补胎作业

和轮胎有关的作业也是汽车维修作业安全事故多发风险点，而且每年都会有维修人员因轮胎作业事故而死亡。

轮胎作业的伤害通常有两种类型。一类是与高速旋转的轮胎有关的伤害，如用手去触碰高速旋转的轮胎导致的伤害（图 7-24），扒胎时对手部导致的伤害（图 7-25），动平衡时缠绕过大的衣物（图 7-26），动平衡时异物飞出伤人（图 7-27）。

图 7-24   不能用手去阻挡旋转的车轮

图 7-25   扒胎时防止夹伤

另一类是与高压气体引发的爆炸有关的伤害。轮胎充气时，空气压缩机、气管、气压表、充气枪气嘴、轮胎都处于高压状态，任何爆裂和破损都会给作业人员带来伤害。就轮胎总成而言，它承载着整车的重量，也是最容易损坏的总成，充气时高压气体会导致"伤

痕累累"的轮胎爆炸。日本法律规定轮胎作业为高危作业。

图 7-26　动平衡时缠绕过大的衣物

图 7-27　动平衡时轮胎凹槽内的异物飞出伤人

轮胎充气时过充易导致轮胎爆炸（图 7-28），因此对重型汽车的轮胎充气时一定要将轮胎装在安全护栏内（图 7-29）。

关于轮胎作业常见的伤害类型，请参见第三章第三节，任何时候都要使用防爆笼。

图 7-28　轮胎充气时过充易导致轮胎爆炸

图 7-29　重型轮胎充气时一定要装在防爆笼内

第四节　打磨和机械切割作业

打磨作业（图 7-30）的主要伤害形式为被切下来的金属碎屑伤人、破碎的砂轮片伤人，以及打磨机漏电导致触电事故。

在打磨/切割金属零部件或片状模塑件时，焊弧或电镀（氧化锌）金属会产生毒烟。这种毒烟会导致人身伤害，因此要求在通风良好的区域作业，并戴上呼吸器、护目镜、耳塞、焊工手套，穿上防护服（图 7-31）。

> **注意**：要牢记安全口诀"有轴必有套、有轮必有罩"（图 7-32）。套就是安全套，罩就是安全罩。

与高速旋转的物体接触，总是不安全的需要特别的防护措施。与高速旋转有关的作业，除前面提到的轮胎动平衡、汽车转鼓试验台外，就是汽车维修中的打磨和切割作业了。

修理厂常用的切割设备是高速切割机。使用高速切割机时要注意：

① 一定要佩戴护目镜。

② 皮肤要避开切割屑，以免被灼伤。

③ 作业人员的身体一定要避开砂轮的切割面，如果砂轮片破损，砂轮碎片会沿切割面旋转飞出，伤人。

维修中常见的打磨设备是电动角磨机，使用时要注意：
① 角磨机的砂轮片一定要与角磨机相匹配。
② 角磨机使用前要进行漏电验证。
③ 操作角磨机前要佩戴护目镜和防滑手套。
④ 使用角磨机打磨物体的角度一定要合理。

图 7-30 打磨作业

图 7-31 防护装备配备

图 7-32 牢记"有轴必有套、有轮必有罩"

第五节 钻孔作业

进行钻孔作业时（图 7-33），无论是使用台钻还是手电钻，主要的伤害类型有铁屑飞出伤到眼睛、钻头折断伤人以及手套被钻头绞入导致手部受伤。作业时一定要佩戴防护镜，如果使用台钻，那么钻床上还需安装护罩。操作过程中不能用手触摸钻头。

第六节 洗车作业

洗车时发生的危险如图 7-34~ 图 7-37 所示。
洗车作业是汽车美容店、快修店每天必做的工作。洗车作业包含车体清洗、车内地毯清洗、轮胎清洗、车身清洗。作业的安全事故伤害类型主要是触电灼伤和高压水伤

图 7-33 钻孔作业

人。关于高压洗车机的事故案例请查阅第三章第三节。

近年来自动化洗车设备逐渐普及，关于洗车设备安全事故案例，也请查阅第三章第三节。

图 7-34　用热水洗车时没有佩戴防护手套，手接触洗车枪，被烫伤

图 7-35　在自动洗车过程中驾驶员下车，被车辆碰撞

图 7-36　洗车机和地毯清洗机漏电导致触电事故

图 7-37　地毯清洗机把手挤压

第七节　地沟作业

地沟作业即维修人员在地平面以下作业。公交车、旅游客车、载货车由于车身尺寸长、车身重，不方便举升。这些车辆在维修底盘时常常使用地沟以保证作业人员接近车辆底部的维修部位。

地沟作业的常见事故类型是滑倒摔伤、地沟上重物坠落、在地沟作业时作业人员的头部或肩部与车体磕碰、尾气中毒，以及被卸下的总成脱手下落把人砸伤。地沟作业注意事项如图 7-38~ 图 7-41 所示。

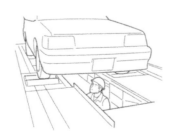

图 7-38　要佩戴安全帽，防止头部受伤

图 7-39　地沟的地面不能有油迹，以免人滑倒

地沟作业的事故类型，参见第三章第三节。

图 7-40　地沟要加盖或有警告牌，防止人员坠落

图 7-41　下台阶时要小心

地沟下会聚积汽车尾气，所以试车时地沟下不能有人逗留。

第八节　重型车辆和工程车辆维修作业

目前我国还没有把小型汽车维修与重型车辆维修资质分开管理，实际上维修重型车辆比维修小型车危险，这一点需要引起足够的重视。重型车辆维修作业的特点如下：

一、车体较长，零件粗大、笨重，往往需要几个人配合一起来作业

作业人员如果配合不好，易造成伤害。如图 7-42 所示，作业人员 A 在保养前轮时，作业人员 B 在 A 不知情的情况下降低车身，导致 A 的头部与轮眉相接。

图 7-43 所示为作业人员 A 在车下检查传动轴，作业人员 B 在移动车辆。

图 7-42　重型车辆车身很长，维修时需要团队作业，多人配合

图 7-43　个体在操作时需要相互配合，要把信息通报给对方，而不是互相伤害

二、重型车辆的总成重量大，不适合徒手搬运

工程车辆的总成重量大，要使用吊装工具吊上吊下，如靠人工抬装，往往会造成作业人员拉伤（图 7-44）。

三、翻转驾驶室下的作业安全

重型车辆的驾驶室是可以翻转的（图 7-45），驾驶室翻转后一定要固定牢靠，上好锁（图 7-46），挂好警示牌再开始作业；不能在驾驶室没有固定牢靠的情况下检修发动机

（图 7-47）；在车间内车辆移位时须专人指挥，避免因视觉盲区撞人（图 7-48）。

图 7-44　重型零部件抬装

图 7-45　重型车辆的驾驶室是可以翻转的

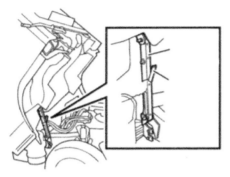

图 7-46　驾驶室翻转后一定要固定牢靠，
　　　　上好锁，再开始作业

图 7-47　不能在驾驶室没有固定牢靠的情况下检修发动机

图 7-48　在车间内车辆移位时须专人指挥，避免撞人

四、自卸汽车的作业安全

有很多新能源工程车辆都是自卸式的（图 7-49），需要把车厢升起来检查底盘。注意不要在举升的车厢下作业，除非在车厢举升机构内加装保护支架，如图 7-50 和图 7-51 所示。

图 7-49 自卸车（翻斗车）

图 7-50 不能在自卸车车厢无防护支架的情况下作业

图 7-51 举起自卸车车厢时需要加装保护支架

第九节 电气维修作业

一、作业资格许可要求

在过去 100 多年的汽车维修历史中，因为汽车上采用的是 12V 安全电压，对电气操作的安全要求很低，几乎看不到任何触电危险的提示。随着新能源汽车的普及，车载电源电压已经升到 300~800V，电气维修作业的安全要求越来越高，需要保护作业人员的生命安全，要求从事带电作业人员必须持证（图 7-52）上岗。

二、作业原则（图 7-53~ 图 7-56）

美国推荐的电工作业法则总体上有两个：一是单手作业原则（图 7-53），电工的双手不能触摸带电部位的外壳；另一个是双人作业原则（图 7-54）。

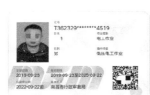 

图 7-52 持证上岗

图 7-53 单手作业原则，作业人员不能双手同时接触带电体

在任何时候，汽车电工作业都要至少两人一起配合作业，两人相互督促、相互监控。

图 7-54　双人作业原则，一个人作业，另外一个人监控和保护

三、临时用电作业安全

在维修汽车时，如需要临时用电，必须由专业的电工来实施。操作配电箱时，必须做好个人防护，如图 7-55 所示。取电时必须做好电缆和插座的规格匹配，另外走线必须符合安全规范，如图 7-56 所示。

图 7-55　不能徒手去维修和操作配电箱

图 7-56　不能随便拉线取电

四、充电安全作业

在给电动汽车充电时，要遵守充电安全作业规定（图 7-57）。低压电池充电时会释放氢气，周边禁止有火源（图 7-58）。

图 7-57　充电作业，要遵守安全规定

图 7-58　低压电池充电时会释放氢气，周边禁止有火源

五、电路测量作业安全

1. 仪表的选用（图 7-59~ 图 7-62）

测量电路之前，必须选择安全的测量仪器、仪表，包括万用表、电流钳、示波器、内阻仪、绝缘表等。什么是安全的仪表呢？就是仪表的耐压等级即允许测量的最高电压，必

须大于被测电路的最高电压。如图 7-59 所示，新能源汽车维修使用的测量仪表的安全等级不得低于 CAT Ⅲ。

图 7-59　高压电池维护时应使用符合 CAT Ⅲ 标准的仪表

有关 CAT 的分级标准，可以查阅 IEC 1010-1：2001。图 7-60 给出了 CAT 分级标准的图示。

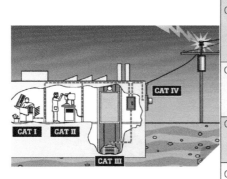

测量类型	简要说明	举例
CAT Ⅳ	公用电力连接处的三相线路，任何室外导体	指"装置起点"，即与公用电力进行低压连接的位置 电能表、一次过电流保护设备 外部和电力进线口，从电杆到建筑物的架空引入线，仪表和配电盘之间的线路 至独立建筑物的架空线，至井泵的地下线路
CAT Ⅲ	三相分布式环境，包括单相商业照明用电	固定装置中的设备，如开关柜和多相电机 工厂中的母线和馈线 馈线和短分支线路、配电设备 大型楼宇建筑中的照明系统 带有至进线口的短连接线路的电器插座
CAT Ⅱ	单相插座连接的负载	电器、便携式工具以及其他家庭和相似负载插座和长分支线路 与 CAT Ⅲ 电源的距离超过10m的插座 与 CAT Ⅳ 电源的距离超过20m的插座
CAT Ⅰ	电子设备	受保护的电子设备 与进行测量以便将瞬变过电压限制到适当低水平的(电源)电路相连接的设备 从高绕组电阻变压器获得的任何高电压、低能量源，如复印机的高电压部分

图 7-60　CAT 分级标准

图 7-61　在高压电源的车体上测量，仪表的防护等级

图 7-62　测量时注意不能触发气囊爆炸

2. 卤素灯泡测量

电工测量时，一定要遵守操作规范，不正确的测量方式不仅会损坏电子系统，还会引发爆炸或着火。卤素灯泡测量和气囊系统相关元器件测量就是出问题比较多的作业。

卤素灯泡内含高压气体，处理不当会使灯泡爆炸成玻璃碎片。为避免人身伤害，在更换灯泡前，关闭车上的前照灯开关并等待灯泡冷却；保持前照灯开关关闭，直到换完灯泡。

更换卤素灯泡时，务必戴上护目镜。拿灯泡时，只能握住灯座，避免接触灯体的玻璃，如图 7-63 所示。

灯泡要避免沾上灰尘和湿气。应正确处置报废旧灯泡。

卤素灯泡要远离儿童。

图 7-63　更换灯泡

3. 气囊

安全气囊系统部件的结构如图 7-64 所示。从图中可以看出，气囊系统一旦被引爆，它就会成为一个危险源。维修作业前，首先要确定工作人员是否在安全气囊系统部件、控制电路上进行维修操作。如果在安全气囊系统部件、周围控制电路上进行维修操作，应断开安全气囊系统。如果安全气囊意外展开，那么安全带预紧器也会意外引爆，导致人员受伤。

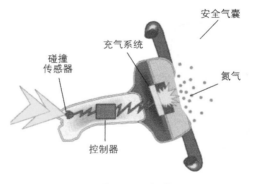

图 7-64　气囊

安全气囊系统维修时的注意事项：

1）关于被展开的安全气囊模块的高温警告。

① 气囊展开后，安全气囊系统部件的金属表面可能会很烫，在触摸安全气囊系统部件的任何金属表面之前，需要足够的冷却时间。使其冷却。

② 为了避免火灾和人身伤害，切勿将已充气的安全气囊系统部件放在任何易燃物旁边。

2）有关安全气囊系统螺旋弹簧的警告。螺旋弹簧总成的不正确安装会损坏螺旋弹簧内部的螺旋线圈，造成线圈故障，导致气囊充气系统不能正常工作，在汽车碰撞时不能有效地保护驾乘人员。

3）确保气囊释放方向不是朝向自己或其他人。存放未展开的气囊充气系统时，确保气囊释放方向不是朝下放置。禁止在气囊充气系统上放置任何物体，气囊周围应有足够的空间供气囊意外展开，否则会造成人员伤害。禁止将未展开的气囊充气系统浸入水中或接触其他液体。

4）有关更换安全气囊系统碰撞传感器的警告。切勿撞击或摇晃安全气囊系统碰撞传感器，在给碰撞传感器通电之前，应确保碰撞传感器已牢靠固定。

5）有关安全气囊充气系统模块报废的警告。为了防止安全气囊意外展开，造成人身伤害，不得将未展开的气囊充气系统按常规车间废弃物进行处置。如果在报废过程中气囊的密封容器发生损坏，则未展开的充气系统所含的一些物质可能会导致严重疾病或人身伤害。应按维修手册给出的展开程序报废未展开的气囊充气系统。搬运未展开的气囊充气系统时，不得拎提气囊充气系统上的导线或插接器。

第十节　焊接和切割作业

焊接和切割作业也属于特种作业，如图7-65所示。其从业人员除了需要汽车维修资格证书外，还需要特种作业上岗证。

关于焊接和切割作业的事故案例，可参照第三章第三节的内容。这里要强调的是，在使用电焊机和等离子切割机时，要做好个人安全防护（图7-66），不允许从新能源汽车的高压电池上取电（图7-67）。另外在未拆下新能源汽车高压电池的情况下，不允许在车身高压电路或高压元器件周围实施焊接和切割作业，如图7-68所示。

图 7-65　焊机作业需要持证上岗

图 7-66　作业时做好个人安全防护

图 7-67　焊机不能在车上取电

图 7-68　不允许在没有拆除电池的新能源汽车上直接焊接

第十一节　车身变形校正和涂装作业

一、车身变形校正作业安全

车身变形校正作业（图 7-69）的主要风险是整形的拉索和被校正的车体在受力状态下断裂，断裂物体飞出伤人。

有关案例请查阅第三章第三节的内容。

图 7-69　车身变形校正作业

二、涂装作业

事故车辆维修中的涂装作业和汽车美容中的车漆修补作业是汽车维修中接触易燃易爆、有毒、有害物质最多的作业。其安全要领涉及：

1）涂料的处理及注意事项：涂料使用后要及时密封，防止产生的蒸气引起火灾、中毒等，特别是二液型聚氨酯、树脂涂料的硬化剂以异氰酸酯化合物为主要成分，处理时要特别注意。废弃的涂料、稀料应放入金属制的容器内，保管在安全的地方，以防止由于高温吸湿引起自燃。车用涂料如图 7-70 所示。

2）涂装作业场所严禁烟火。注意电焊、香烟、手机通信、静电等行为产生的火花。警告标识如图 7-71 所示。

图 7-70　车用涂料

图 7-71　警告标识

3）涂装作业时的个人防护。为了防止涂料从衣服中渗入，要着油漆服，戴帽子、手套，同时使用有机气体作为气源，如图 7-72 所示。

4）喷涂电动汽车前须拆下动力电池、高压线束、电机、电机控制器等高压部件，因为动力电池暴露在温度较高的喷涂操作间。如果没有拆下高压部件就进行喷涂，轻则影响动力电池寿命，重则导致电池自燃。

图 7-72　喷漆作业需要作业个人防护

第十二节　车间 5S 管理

在汽车维修作业中，通常把车间内环境、道路、物料与其摆放、地面整治、工业废水废料处理的管理归纳成 5S。本书从安全的角度讨论"5S"应该包含的要素（图 7-73）。

1）地面整洁：地面要求整洁，没有水渍、油污（图 7-74）。地面上水渍、油污会导致作业人员滑倒、扭伤。

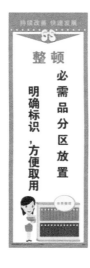

图 7-73　5S 的内容

2）物料摆放：物品按指定位置摆放，货架层数不能超过 4 层，不能妨碍行走和作业（图 7-75），物料的坠落和坍塌会伤及作业人员。

图 7-74　地面整洁，避免作业人员绊倒和滑倒

图 7-75　物料摆放应使用货架，货架层数不能超过 4 层

3）危化品的管理：对易燃、易爆或有毒的危化品需要专柜存放，登记领用（图 7-76）。

4）工业废物管理：工业废物需要集中存储，由专门机构回收处置（图 7-77）。

5）废水排放时要同雨水与工业废水分离。污水的定义：水在使用过程中受到不同程度的污染，改变了原有的化学成分和物理性质，这些水称作污水或废水。污水也包括雨水及冰雪融化水。污水分类如图 7-78 所示。

图 7-76　危化品要有登记领用管理，使用专柜仓储，在用危化品要放在防漏托盘上

图 7-77　工业废物要交专业公司回收

图 7-78　污水的分类

第一节　交流充电

本章讲的充电作业，是指通过电网给汽车上的储能装置（电池）补充电能的工作。充电的方式分为交流充电和直流充电。其中交流充电电流小，充电时间长，俗称慢充。直流充电电流大，充电时间短，俗称快充。

电网供给的电能是交流的，但是电动汽车上的电池电源是直流的，要想电池能够接收电能，就必须把交流电转成直流电。可以通过地面上的设备（充电桩）将交流电转成直流电，也可以直接使用车上的设备（车载充电机）。因为车上的空间有限，对充电装置产生热量的散热效果有限，所以车载充电装置的功率都不大，充放电的电流有限，充电速度就慢，一般要 8h 左右才能把车载电池充满，所以叫慢充。地面的充电装置由于没有这种限制，功率就可以比较大，充电的速度就快。

一、交流充电的系统构成

充电系统是由市电接口、充电桩、充电电缆、车载电池等构成的，如图 8-1 所示。

图 8-1　充电系统的构成

二、交流充电的安全措施

从安全角度考虑，充电设备和充电接口电路应重点防止触电事故和火灾事故，为此充电设施采用了下列安全措施。

1）合理匹配充电桩的功率和电池需要的功率，以保障在充电过程中供电设备不过载。过载会引起着火。

2）合理匹配充电电缆和充电枪、充电座与需要的功率，以保证电缆和接口在充电时不过载。

3）充电桩设置了接地、漏电保护、防雷装置，以避免操作人员触电。

4）充电电缆和充电枪、充电座采用了双重绝缘，以避免操作人员触电。

5）充电枪机械锁、电子锁的作用是避免操作人员带电插拔时引起电弧烧伤。

6）充电导引电路的作用是保证充电电缆意外断开时停止供电。

车辆接口电气连接界面如图 8-2 所示，在充电连接过程中，首先接通保护接地触头、最后接通控制导引触头与充电连接确认触头。在脱开的过程中，首先断开控制导引触头与充电连接确认触头，最后断开保护接地触头。

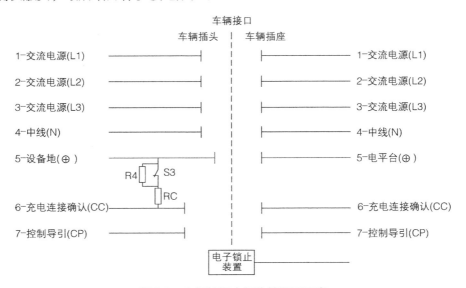

图 8-2　车辆接口电气连接界面示意

如图 8-3 所示的充电模式 3 连接方式 C 的控制导引电路的基本功能为：

1）连接确认与电子锁锁定。

2）充电连接装置载流能力和供电设备供电功率的识别。

3）充电过程的监测。

4）充电系统的停止。

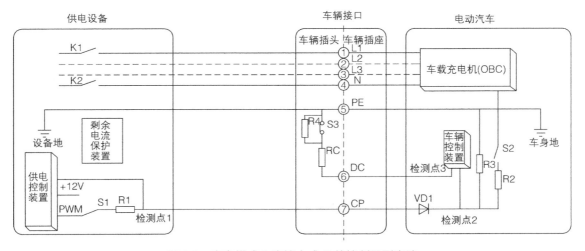

图 8-3　充电模式 3 连接方式 C 的控制导引电路

在电动汽车车载端上有这样四个元器件：电阻 R2、电阻 R3、开关 S2、二极管 VD1，它们可以安装在电池管理系统（BMS）内，也可以安装在车载充电机（OBC）内。在图 8-3 中，假设它们都在 BMS 内部。

1）CC 是一个对地电阻信号，用于检查充电电缆是否已经连接完毕，以及获得电缆的容量参数。

2）CP 是一个 PWM 信号和电压信号，用于检查供电设备和车载充电设备准备状态完成情况的容量。

3）S1 开关位于充电桩内，受控于充电桩，用于 12V 与 PWM 两个电路切换，选择导通。

4）S3 开关位于充电枪内，与充电枪上的机械锁联动，用于切断或连接 R4 电阻，确认插头的连接状态；默认是导通状态，也就是不按下充电枪时，S3 是导通的，当按下充电枪机械按键、准备插枪时，S3 是断开的，电阻 R4 与 RC 成串联状态；充电枪插入后，松开按键，S3 又变回导通状态，将 R4 短路，CC 电路中 RC 电阻表示充电枪已插到位。

5）S2 开关（一般称为充电继电器）位于电动汽车内部控制器上，用于接通或断开充电电路；当车辆满足充电条件时，BMS 将 S2 闭合。

6）控制导引电路中的 R1、R2、R3、R4、RC 的阻值是国家标准规定好的，不能任意选取；如果车辆或充电桩所用电阻的阻值与国标不符，则不能在国内使用。

7）二极管 VD1 也在充电控制导引电路内，起到防反接功能。

8）电压检测点 1 由充电桩监控，2、3 由 BMS 监控。

交流充电连接控制时序如图 8-4 所示。

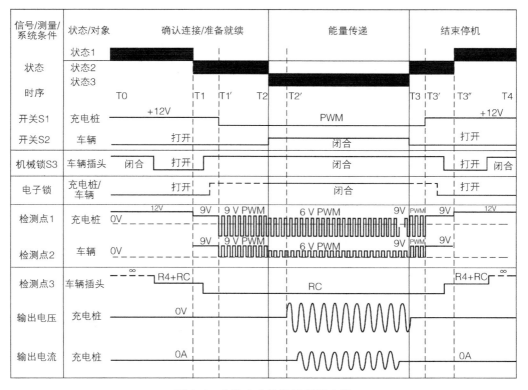

图 8-4　交流充电连接控制时序图

交流充电是如何保障安全的

1）充电时我们先插枪，充电桩要先上电。

2）充电桩上电后，S1 开关处于与充电桩控制模块 12V 电源接通的状态，这时充电桩在检测点 1 上可以检查到 12V 电源。软件知道现在只是充电准备状态，充电枪还没有插好，CP 电路还没有形成回路，此时电动汽车的充电系统还没有唤醒，还在"睡觉"。充电桩没有接通高压电，即使现在触摸充电枪的端子，也不会触电。

3）注意在交流充电系统，充电桩并不监测充电枪是否被插拔，这个状态是由汽车负责监控的。

4）当充电枪插入时，S3 开关有两种状态，即闭合和断开。这两种状态使检测点 3 的电压上有相应的变化。整车控制器由此检测充电枪是否插接到位，并计算充电枪和充电电缆的容量。如果充电枪损坏，则充电系统无法上高压，因此不会发生因充电枪损坏导致的触电。

5）充电枪插接到位后，CP 第一种状态的回路已经形成，检测点 1 的电压由 12V 降到了 9V，充电桩控制器检测到有车辆要充电，确认充电枪和充电电缆的容量没有问题后，检查自身的绝缘状态：如果有问题则下电，和汽车"分手"；如果没有问题，则通知汽车上的控制器准备接收它的信息（让车上的控制器通过检测点 2 的电压来判断），知道有一个充电桩要接进来，要对它的到来做好准备。车载控制器这时候也会点亮充电连接指示灯，通知车主车辆正在准备充电。这时候还是没有高压，但是电子锁已经把充电枪锁上了，不再允许充电枪被拔出，汽车也被锁上了，不再允许车辆移动。

6）现在充电桩要告诉汽车上的控制器，它是谁，它有多大的充电能力，它是否"适合"本车的电池，通知的方法就是 PWM 信号。通过 PWM 信号的特征，车载控制器就知道这个充电桩是否适合自己。这种机制可以保证设备不会过载。

7）车载控制器和充电桩开始进行安全检查，确认安全方面没有问题后，车载控制器才会闭合 S2 开关。注意闭合时间与唤醒时间不同步，充电桩控制器通过检测点 1 的电压变化，确认车载端没有问题后才开始闭合高压继电器，输出高压电给车载充电机。

8）在输出过程中，CP 电路上一直发送充电桩信息。一旦 CP 信号有任何异常，充电桩就会切断高压输出。

9）如果 CC 信号、电池的状态、充电枪的端子、充电枪的电子锁回馈信号有任何异常，则车载控制器都会改变 CP 信号。

10）车载端的充电控制器实际上至少由三个模块构成，即整车控制器、车载充电机、电池管理系统。但是对于不同的车型，这三个控制器的分工是不一样的。有的车型装有辅助控制系统来控制充电状态指示灯、充电预约功能以及电池包在线预热功能等。

在图 8-3 中，没有把充电枪的电子锁部分画出；充电枪上面有机械锁和电子锁。在插枪后，机械锁先锁住充电枪（就是充电枪上的卡扣，但此时仍可以手动拔出充电枪），再用电子锁进行锁止（不能手动拔出充电枪）。机械锁在充电枪内，电子锁在充电座内，电子锁由整车控制器（VCU）或 BMS 等控制。

三、交流充电的连接方式

连接方式指使用电缆和连接器将电动汽车接入电网 C 电源的方法。国家相关标准规定的连接方式分为三种，分别为：

1）连接方式 A，如图 8-5 所示。将电动汽车和交流电网连接时，使用和电动汽车永久性连接在一起的充电电缆和供电插座（注：电缆组件是车辆的一部分）。

2）连接方式 B，如图 8-6 所示。将电动汽车和交流电网连接时，使用带有车辆插头和供电插头的独立的活动电缆组件（注：可拆卸电缆组件不是车辆或者充电设备的一部分）。

3）连接方式 C，如图 8-7 所示。将电动汽车和交流电网连接时，使用了和供电设备永久连接在一起的充电电缆和车辆插头（注：电缆组件是充电设备的一部分）。

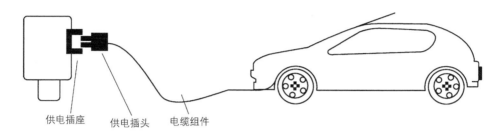

图 8-5　连接方式 A

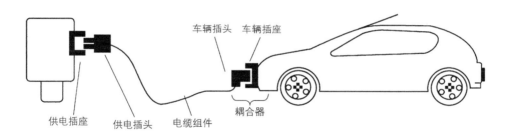

图 8-6　连接方式 B

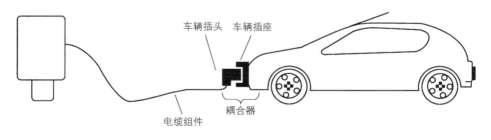

图 8-7　连接方式 C

第二节　直流充电

上文介绍了交流充电，下面介绍直流充电。相比交流充电，直流充电电缆的接法只有一种模式。直流充电系统的连接方法如图 8-8 所示。

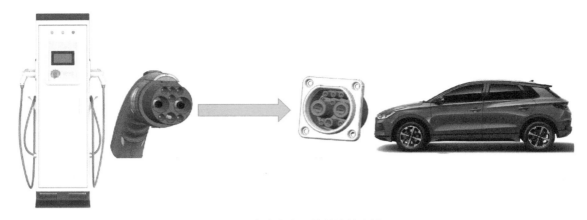

图 8-8　直流充电系统的连接方法

不同的直流充电桩（快充桩）的安全措施的思路基本相同，只是实现方式略有不同。与交流充电桩不同，直流充电桩与车载电池管理系统由 CAN 总线通信，充电桩输出功率与电池包的匹配不通过模拟电路，而是靠通信报文的问答就可实现。另外在电路中还多了对充电枪高压端子温度的监控。

车辆插座触头布置如图 8-9a 所示，车辆插头触头布置如图 8-9b 所示，它一共有 9 个端子（图 8-10），其中 CC1 和 CC2 都是充电连接确认端子；A+ 和 A− 为低压 12V 辅助电源接口，这个 12V 电源的作用并不给车载设备供电，而是唤醒车载 12V 的电源工作。从图 8-10 中可以看出，枪与座的端子长短不一，在插入时 CC2 与 PE 最先连接，接着是高压直流供电正负极 DC+、DC− 连接，然后是低压辅助电源正负极 A+、A− 连接，最后是CAN 通信 CAN-H、CAN-L 和 CC1 的连接。

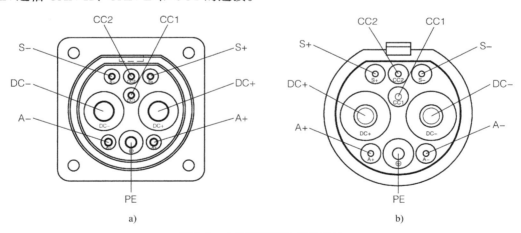

图 8-9　车辆插座插头触头布置

接下来我们看一下直流充电控制导引电路原理。如图 8-11 所示，在直流充电枪插上后，CC1 信号没有送到车辆内部；整个控制导引电路共有五个电阻 R1、R2、R3、R4、R5，一个开关 S，两个检测点 1、2。

1）R1：布置在充电桩内部，标称阻值 1kΩ。

2）R2、R3：布置在充电枪内部，标称阻值都是 1kΩ。

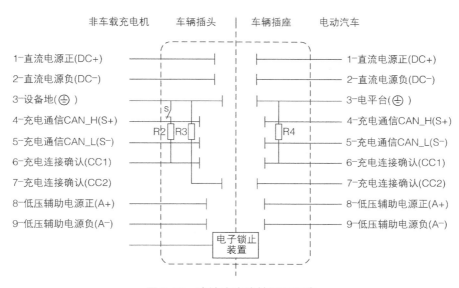

图 8-10 直流充电连接界面示意

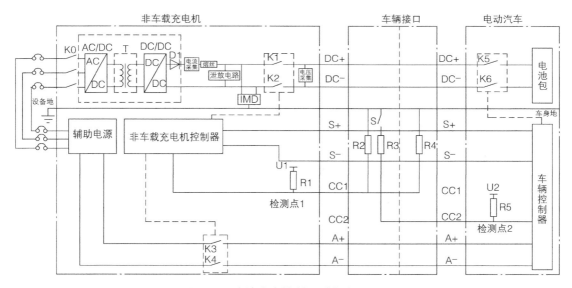

图 8-11 直流充电控制导引电路原理图

3）R4：布置在车辆插座处，标称阻值 1kΩ。

4）R5：布置在车辆控制器内部，通常在电池管理系统（BMS）上，标称阻值 1kΩ。

5）开关 S：布置在充电枪内部，与机械锁联动，默认是闭合状态。

6）U1、U2：为 12V 上拉电压。

7）检测点 1 在充电桩内部，充电桩控制器根据其 12V、6V、4V 三种电压状态判断检测充电枪的状态。4V 代表充电枪与车辆完成连接。

8）BMS 根据检查点 2 的电压判断枪与车的连接状态。在检测点 2 上有 12V 和 6V 两种电压，6V 代表车辆与充电枪完成连接。

直流充电是如何保障安全的

1）在没有充电时，直流充电桩处于睡眠状态，只有 220V 的工作电压接入，而没有 380V 电压的接入。充电桩的强电电路中有漏电保护器、防雷装置和防浪涌装置等，各强电电路都有绝缘间隙和爬电距离，机壳有防水保护，机壳接地。

2）开始充电前需要刷卡，唤醒充电桩控制器开始工作，这时高压输出接口没有高压电。

3）拔出充电枪，充电桩控制器通过检测点 1 的电压变化（开始时是 6V，拔枪后是 12V，插入车上并完全接触后是 4V），从而检测充电枪的状态。车载控制器通过检测点 2 的电压（由 12V 变成 6V），判断直流充电枪已连接后，整车控制器会点亮充电连接指示灯，通过检测电阻 R2、R3 的值，判断充电电缆的容量是否满足要求。如果不满足要求，则它会拒绝执行后续的指令，这样就可以保证电路不会过载了。

4）充电桩控制器这时会启动电子锁，把充电枪锁止，不允许插拔。

5）接下来充电桩控制器会接通 K3/K4 低压继电器，给车载充电电路输入 12V 电源，通过这个电源来唤醒车上的充电控制电路。唤醒后的充电控制电路会对电池状态、充电电路的绝缘状态、高压互锁状态、整车控制器状态、电池管理系统状态、充电 CAN 总线通信状态进行自检，确认符合安全要求后，整车控制器开始与充电桩控制器进行充电能力的确认、充电参数的配置，K3/K4 低压继电器在整个充电过程中会一直保持闭合状态。

6）充电初始化、自检和配置结束后，充电桩控制器指令闭合高压继电器 K1/K2，开始检查充电桩侧的高压回路绝缘，包括充电枪、充电座、充电电缆的绝缘状态。如果发现漏电状况，充电控制器会拒绝上高压，同时进行故障报警，通知检修。

7）绝缘检查合格后，充电桩控制器会通知车载端的充电控制器（或整车控制器）绝缘验证良好，可以闭合车载端的充电继电器 K5/K6。

8）闭合三相继电器给充电桩上交流高压电，闭合充电桩直流输出端的 K1/K2 继电器，充电开始，这时充电状态指示灯会点亮。有的车型不是直接用最大充电电流给车上的电池包充电，而是先用小一些的电流进行预充电。在预充电过程中检查过电流、短路、过温等问题，如果发现异常，则点亮故障灯，中断高压。如果没有发现问题，则开始全负荷充电。

9）在充电过程中，充电桩控制器和车载控制器会实时监控交流输入电压和电流、充电电压、充电电流、充电功率、充电线路的绝缘状态，以及充电控制模块之间的通信状态，如果发现异常，则立刻报警并终止充电。

10）有些地方还建设有充电实时监控平台，充电技术指标通过车载远程监控系统（T-box）上传给地方政府监控平台，监控充电过程的危险信号。在电动汽车的充电系统中实际上有三重监控体系来保障安全：车载控制器的监控、充电桩控制器的监控、远程监控平台的监控。

直流充电连接过程和控制时序如图 8-12 所示。

同样地，除了机械锁外，充电枪也有电子锁，如图 8-13 所示。这个电子锁是装在充电枪上面的，而不像交流充电那样装在车辆的充电插座中。直流充电枪电子锁由充电桩进行控制与检测，而不是由车辆控制器来控制。

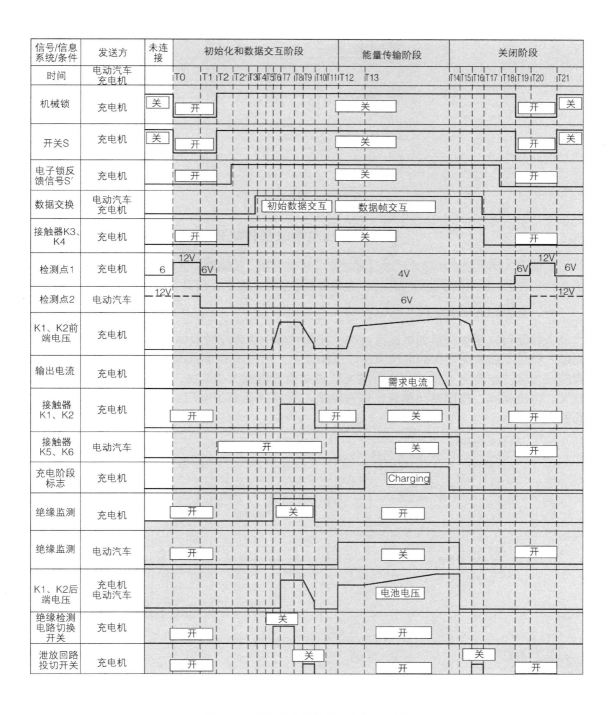

图 8-12 直流充电连接过程和控制时序

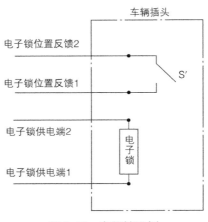

图 8-13 电子锁示例

第三节 触电事故伤害机理

电能是人类社会使用最广泛的能源之一，传输方便，传输距离远。有了电能，人类才有了工业的电气化。但电的不正确使用也给人类带来了危险，其主要表现为人体触电和电气火灾。

一、电流对人体的作用

人体是可以承受轻微的电流流过的，比如在做中医理疗时人体可以承受 1mA 的弱电流流过，但是不能承受较大的电流流过。试验证明，超过 5mA 的电流流过人体就会对人身健康造成损害。电流对人体的伤害程度与流经身体的电流大小有关，与电流作用人体的时间有关。电流越大，作用时间越长，伤害越重。图 8-14 给出了电流、作用时间与人体反应之间的关系。

强度范围1
➤不论作用多长时间都无不良影响
强度范围2
➤0.5~2mA: 能感觉到电流
➤3~5mA: 开始有痛感
➤10~20mA: 松手极限值
强度范围3
➤肌肉痉挛
➤呼吸困难
➤心率不齐
强度范围4
➤心脏纤维性颤动
➤心脏停搏
➤呼吸停止
有生命危险

图 8-14 电流大小、作用时间与人体反应之间的关系

流经人体的电流若是超过了 5mA，我们就称"触电"。人会感觉发麻，但还能从带电导体上松开手。

流经人体的电流若是超过了 10mA，这就是所谓的"松手极限"了，触电后的身体会收缩。这时人就无法脱离电源了，于是电流的作用就会持续下去，时间越来越长。

流经人体的电流达到 30~50mA，如果是交流电且作用时间较长的话，就会出现呼吸停止以及心室纤维性颤动。

流过身体的电流达到约 80mA，就是所谓的"死亡极限值"了。

在维修新能源汽车高压元器件时，高压元器件外壳之间的电压超过 25V（交流）或者 60V（直流）；高压元器件间的短路电流超过 3mA（交流）或 12mA（直流）；电能超过 350mJ 时，会导致电击。

从图 8-14 可以看出，电流在极短时间内就会导致对人体的伤害，这个时间只有十几毫秒，远远超出了人类大脑最快的反应时间。也就是说，一旦发生了触电，靠人类的条件反射去摆脱与电源的接触是不可能的。避免触电唯一的办法就是不让电流流过我们的身体，或者流过我们身体的电流不超过人体的感知电流。

通过人体的电流所引发的后果的严重性取决于：

- 接触的电压。
- 流经的电流。
- 流经电流的持续时间。
- 电流的路径（最糟的情况是通过心脏）。
- 电流的频率（直流电或交流电）。

二、流经人体电流的计算

人体是一个导体，人体电阻在某种状态下是固定的，由欧姆定律可知，一个电路的电流等于电压除以电阻，因此流经人体的电流的大小就取决于外界施加在人体的电压。接触电压和体内的接触电阻是决定流经人体电流的关键因素。如果电压小到流经电流小于 5mA，就称该电压为安全电压。

> 人体的电阻是多少？我们先来算一下人体电阻，如图 8-15 所示。

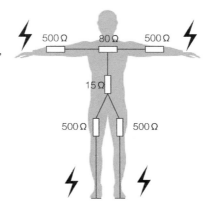

> 相对于由高压产生的大电流来说，人体内阻值比图中给出的人体内部的电阻值要小
> 特别是血管中的血液，它本身就是很好的导体
> 触电时接触部位的不同，电流对人体的效应也不同。

图 8-15　人体电阻

因为人们的身体状况各不相同，所以人体的电阻也不同。图 8-15 中标出的电阻值为平均值。

人的血液里含有电解质，因此人体的电导率很高，特别是主血管经过的部位（胸部及躯干），这些地方的电阻很小。电流流经心脏时对生命的危险最大。这就是为什么电工作业原则中规定不能双手作业，双手直接接触有压差的电源，电流会直接流过心脏。

三、安全电压的计算

根据计算，交流电电压超过 25V 以及直流电电压超过 60V，就属于危险情况。在德国，规定最大接触电压，交流不得超过 50V，直流不得超过 120V（根据 VDE）。

> 如何评估某一款电动汽车采用的电压是否是安全电压？

计算方法如下：该款电动汽车的系统电压为 DC 266V，人体的电阻为 1080Ω，流过人体的电流 $I = U/R = 266V/1080Ω = 0.25A$。对于交流电来说，这么大的电流作用于心脏的时间持续 10~15ms 就是致命的（心室纤颤）。

因此，当人体触电电压达到 AC 25V 以及 DC 60V 以上，就会有生命危险了。

如果维修人员在维修该电动汽车时触电，则可能导致电击、呼吸停止及心跳停博、灼伤及永久身体损伤甚至死亡。

新能源汽车的驱动电机由三相交流电驱动。通过改变电压的幅值和频率来调节交流电机的转矩和转速。因为使用低频电流来驱动电机（电机控制器的输出电压频率在 200Hz 左右），所以在交流电机上 U/V/W 输入端触电的危险性更大。

交流电对人体的危害如图 8-16 所示。

▶ 交流电压引发人体内的交流电流，而该电流会触发肌肉和心脏颤动

▶ 交流电压的频率越低，其危险性越大

▶ 交流电会非常早地引发心室纤维颤动，如不能及时急救伤者，就会有生命危险

图 8-16　交流电对人体的危害

直流电事故主要引发人体内的化学效应，交流电事故造成心律障碍的危险特别高。

避免触电的措施：首先是采用安全电压，如果像新能源汽车那样不能采用安全电压，那就必须采用隔离措施，比如导线绝缘、PCB 绝缘、接插件绝缘、作业人员的个人绝缘防护用品（手套、鞋、绝缘毯），对交流用电设备还要采取接地措施；其次是防止直接触电（直接触摸带电导体）；另外安装漏电保护装置可防止间接触电（非直接接触带电导体，但在漏电的情况下，电流会从在正常状态下不带电的物体传到人体）。

电能除了引起人体触电伤害外，还能引起火灾。这些知识会在火灾机理相关章节内予以介绍。

四、新能源汽车维修作业时的触电方式

在进行汽车维修和汽车充电时，触电的类型主要有：直接触电（图 8-17），如操作人员直接接触高压电池正负母线；间接触电（图 8-18），如操作人员接触高压电器的外壳。

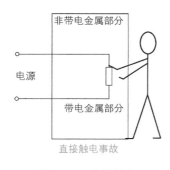

图 8-17　直接触电

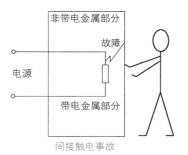

图 8-18　间接触电

五、防止触电的措施

防止触电一是减少漏电时流经身体的电流，二是避免电流流过身体。常见措施有：

1）设备接地保护，如图 8-19 和图 8-20 所示。接地保护是为了防止充电设备或电动汽车上的电器件绝缘损坏时人体遭受触电危险，它是在充电设备外壳（高压元件的外壳）与接地或本身之间的连接，从而避免外壳带电后，电流流经作业人员的身体。

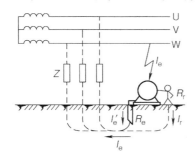

图 8-19　接地保护的原理

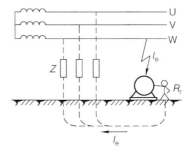

图 8-20　无保护接地

2）在电源电路中加装漏电保护装置，如图 8-21~ 图 8-24 所示。

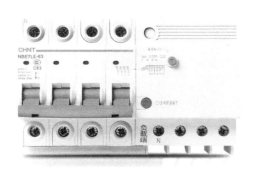

图 8-21　漏电保护器的外观

图 8-22　防雷和防浪涌保护装置的外观

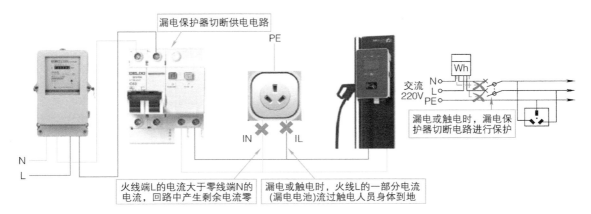

图 8-23 漏电保护动作原理图

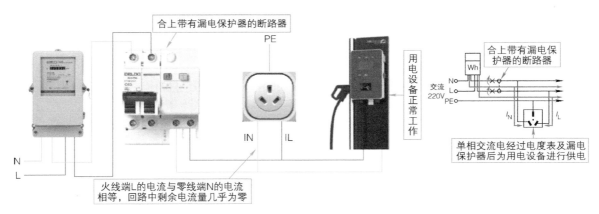

图 8-24 漏电保护不动作原理图

漏电保护装置会在充电桩交流侧漏电电流超过设定值时自动切断充电桩的交流电源并发出报警信号，防止作业人员触电伤亡。

在充电桩的交流输入端还加有防雷和防浪涌保护装置，作用是防止浪涌电流导致充电桩损坏。

3）其他防护措施：绝缘保护、双重绝缘、安全电压，等等。

第四节　充电作业安全注意事项

新能源汽车的充电作业通常是由车辆的驾驶员自己完成的。驾驶员给自车充电时，要注意以下事项。

1）充电时不能打开汽车前舱盖（图 8-25）。

2）不能一边充电一边洗车（图 8-26）。

3）发现车辆有冒烟或火苗时，应拨打救援电话，不能自己处置，不要靠近，不要逗留在车里（图 8-27）。有问题拨打救援电话，让专业人员来维修。

4）注意事项。

① 当车辆仪表 SOC 指示条进入红色警戒格时，表明动力电池电量已不足。建议客户在电量降至红色警戒格时即去充电，可以确保不会因电量不足而停驶，不建议在电量耗尽后再进行充电，因为这样会影响电池的使用寿命。

图 8-25　充电时不能打开前舱盖

图 8-26　不能一边充电一边洗车

图 8-27　有问题拨打救援电话

② 使用家用单相交流电充电时，推荐使用 220V/50Hz/10A 的专用交流电路和电源插座。专用电路是为了避免线路损坏或者由于给电池充电时功率较大导致线路跳闸保护。如果没有使用专用线路，可能会影响线路上其他设备的正常工作。如果专用线路已不能使用，则应由专业电工来安装。

③ 接地说明：设备必须接地良好，如果充电设备出现故障或者损坏，接地线可提供最小阻抗电路放电从而降低触电风险。插头必须与安装正确且接地良好的电源插座匹配。

④ 车辆插头插入操作：手握把手，将车辆插头对准充电插座并推入，当听到机械锁扣落槽的"咔嗒"声后说明插入到位。如无法完成插入，则应注意检查充电插座是否装有电子锁，且电子锁在充电枪插入前一般处于锁止状态，应确认电子锁解锁后才可进行插入操作。

⑤ 车辆插头拔出操作：手握把手，拇指顺势按动按键到底，沿插合反方向拉动充电枪到与充电插座分离。如电子锁未解锁，则按键按动后无法使充电枪与充电插座分离，应确认电子锁解锁后才可进行拔出操作。

⑥ 充电前，须将车辆的钥匙开关置于"OFF"档，车辆的钥匙开关处于"OK"档电时不能充电。

⑦ 充电时，车辆的钥匙开关置于"ON"档时可以正常使用空调（有些车型）。为保证充电功率，不建议使用。

⑧ 充电时，前舱的高压电控模块处于工作状态，此时会发出几次继电器吸合的"咔嗒"声，这属于正常现象。

⑨ 充电时（交流），对于不需要刷卡等充电设置步骤的情况，如果外部电网断电不超过12h，则会自动重新启动充电，不用重新连接充电插接器。

⑩ 充电时，建议将车辆停放在通风处。

⑪ 充电时，不建议人员停留在车内。

⑫ 停止充电时，应先将充电柜或充电桩关闭，再断开充电枪；使用家用交流电充电时，应先断开插座端电源，再断开车辆端车辆插头。

⑬ 充电结束拔下车辆插头后，应确保充电口保护盖和充电口舱门处于关闭状态。因为水或外来物质可能进入充电口端口，影响正常使用。

⑭ 车辆行驶前应确保车辆插头从车辆插座上断开。

⑮ 为方便使用，仪表上会提示预计充满电时间。由于充电设施、充电方式、环境温度、电量等因素不同，充满电的时间可能有一定偏差，这属于正常现象。

⑯ 如果充电口舱门因天气等原因冻住，可使用热水或不高于100℃的加热装置将冰融化后再开启充电口舱门，切勿强行打开。

⑰ 当环境温度低于0℃时，充电时间要比正常时间长。

⑱ 当电池温度高于55℃或低于-20℃时，车辆将不能正常充电。

⑲ 车辆长时间不使用时，为了延长动力电池的使用寿命，建议每3个月充电一次。

警告：

① 充电前务必做好检查工作。

② 禁止在电子锁锁止状态强行插入车辆插头。

③ 禁止在电子锁锁止状态强行拔出车辆插头。

④ 不要在充电口保护盖打开的状态下关闭充电口舱门。

⑤ 严禁在充电时接触充电端口或者充电插接器内的金属端子。

⑥ 严禁湿手操作，因为这样可能引起电击，造成人身伤害。

⑦ 当有闪电时，不要给车辆充电或触摸车辆，闪电击中可能导致充电设备损坏，或导致人身伤害。

⑧ 充电操作人员应与制造商确认，充电对医疗或植入式电子设备是否有影响。

事故总是意外发生的。事故发生后我们除了向相关责任人追责外，最重要的还是查明事故的原因，防止同类事故的再次发生。下面给出一个真实的事故报告，帮助大家对事故发生过程有一个基本的认识。通过这份报告，我们还学习到如何对事故进行调查，如何对事故的性质进行认定，如何对相关人员追责。

关于某公司电动客车火灾事故的调查报告（简略版）

信息来源：某应急管理局

信息提供日期：2019-××-××

2019 年 × 月 × 日，某停车场发生一起火灾事故，事故未造成人员伤亡，但造成较大的社会影响。根据《生产安全事故报告和调查处理条例》（国务院令第 493 号）的规定以及市、区主要领导指示，展开事故调查处理工作。现调查组对本起事故调查完毕，具体情况如下：

一、事故基本情况

（一）事故发生位置情况

略。

（二）事故发生单位概况

略。

（三）起火区域车辆基本情况

起火区域车辆分布如图 9-1 所示。其他具体情况略。

图 9-1 起火区域车辆分布

（四）事发当天天气情况

当日××阴天，有零星小雨，气温 19～23℃，偏东风 2-3 级，沿海和高地最大阵风 6-7 级，相对湿度 60%～95%。

二、事故经过及救援情况

（一）事故发生经过

2019 年×月×日凌晨 5 时许，某停车场内停放的一台电动客车突然着火，随后火势随东风蔓延，将相邻的其余 11 辆车及 4 个集装箱烧毁。

经查：

1）经××司法鉴定所对现场提取的检材进行金相分析（找出点火源），鉴定结论：电动客车右侧下方电池箱负极线路与金属箱体发生接地短路，造成回路大电流，导致电池箱内多组电池热失控，引发车辆电池自燃。

2）着火车辆内饰部分已在先前火灾中烧损，车辆外壳及电池部分完好；但是由于经受过火场高温，对该车辆电池的安全性有一定影响，××公司未能妥善处理，且在未做安全措施的情况下将其随意停放，最终由于该车电池箱负极线路短路引发火灾。（起火的原因）

3）××公司未落实消防安全责任制，未在涉事停车场内设置任何消防安全器材，未制定本单位的消防安全制度，未明确相关岗位消防安全职责，未制定消防安全操作规程，未组织制定灭火和应急疏散预案，未能提供灭火与应急疏散演练记录。

4）着火地点实行三班倒轮流值班制度，共有 3 名值班人员。但××公司未严格落实值班制度，事发当晚值班人员存在脱岗行为，事发前场地内无人员在场。

5）经现场勘查，涉事集体土地停车场无收费岗亭、无进出口道闸，也无相关收费标识、设备，停车场内无其他社会车辆停放，亦未对社会车辆进行开放营运，不属于经营性停车场。（第 3）、4）、5）说明事故的属性和有关责任人的责任）

6）经组织测量，涉事集体土地停车场属于××街道行政界线管辖范围。明确了××街道承担辖区属地管理责任。（第 6）说明事故处理的管辖权）

（二）事故应急救援情况

略。

三、事故造成直接经济损失及人员伤亡情况

该起火灾事故共造成 12 辆车、4 个集装箱被烧毁，过火面积约 215m^2，直接经济损失约 279 万元，未造成人员伤亡。

四、相关单位安全生产组织管理情况

（一）事故单位安全生产组织管理情况

1.××公司管理人员情况（先找出要处理的主要负责人）

李某：××公司法定代表人；肖某，××公司总经理。

2.存在问题（依法问责）

××公司主体责任未落实，未任命安全总监，部分安全管理人员未取得行业主管部门颁发的安全合格证书；消防安全管理流于形式，对停放未使用的电动汽车的电池均未进行有效处置，造成一定的安全隐患；且对园区内值班人员管理不到位，导致值班人员

脱岗漏岗，未能第一时间发现火灾。

××公司李某、肖某履行消防安全管理职责不到位，未组织防火检查，未及时消除电动汽车电池维修开关未拔的火险隐患，未依法履行其应负的消防安全职责。

（二）政府部门安全监管单位监督管理情况（对监管部门问责）

1. ××街道的安全生产履职情况（对安监部门问责）

涉事地块曾存在违法搭建问题，2018年6月××街道开展违建清拆活动，依法拆除涉事地块钢架结构临时建筑物和周边的乱搭建。清拆完毕后，由××社区工作站、网格综合管理中心、综合执法队履行相应的职能，对该地块进行日常巡查监管。

××社区工作站于2019年春节前后两次进行巡查，对涉事地段路口被车辆堵塞无人值守、停放车辆是否有合法手续等问题要求相关经营单位做好安全措施，完善申报手续后方可使用；辖区网格员于2019年3月对火灾发生地及附近共巡查43次，通报隐患20宗，定点巡查点共11处（含事发地），符合《基础网格大巡查手册》的相关规定；街道土地规划监察队履行相关职责，涉事地块未再出现违法建筑行为。

综上，××街道依法开展了安全管理工作，未发现其存在履职不到位的情形。

2. 消防部门的安全生产履职情况（对消防部门问责）

2018年×月×日××消防大队结合辖区实际情况，制定了《××区消防大队消防安全重点单位消防巡查及六熟悉训练方案》。××消防中队按照大队方案要求，结合各项消防安全专项整治行动，组织对223家辖区重点单位，以及组织下属各消防中队对全区2263家消防安全重点单位开展消防安全巡查工作，对"三合一、群租房、城中村、住改商、租改仓"等火灾高风险场所进行巡查熟悉。发现消防通道不畅、消防设施被圈堵等消防安全隐患，及时督促重点单位落实整改。该项工作部署以来，××消防中队每周至少巡查4个重点单位，每月制作修订15家重点单位数字化预案，中队开展消防安全巡查工作的频次和质量符合大队方案要求。

综上，消防部门按要求开展了消防巡查工作，未发现其存在履职不到位的情形。

五、事故原因及性质

（一）直接原因（物的不安全状态）

涉事停车场停放的电动客车右侧下方电池箱负极线路与金属箱体发生接地短路，造成回路大电流，导致电池箱内多组锂电池热失控，高温波及电池箱，从而引发火灾。

（二）间接原因（人的不安全行为和管理缺失）

××公司主体责任未落实，消防安全管理流于形式，对停放且不使用的电动车的电池未进行有效管理，电池存在安全隐患；对园区内值班人员管理不到位，导致值班人员脱岗漏岗，未能第一时间发现火灾，导致火灾的进一步蔓延扩大。

（三）事故性质

调查组认为，本起事故是一起一般火灾责任事故。

六、事故责任认定及处理建议

根据事故调查情况，调查组对事故单位和有关人员的责任认定和追究提出如下意见：

（一）责任单位

××运输有限公司未履行法律、法规规定的消防安全责任，消防安全管理流于形

式，产生火灾事故。（行政问责）

（二）责任人员

1. ××公司值班人员未严格执行公司值班制度，事发当晚存在脱岗行为，导致未能第一时间发现火灾并及时报警，致使火灾进一步蔓延扩大。其行为违反了《中华人民共和国消防法》第六十四条第三项的规定。（行政问责）

2. ××公司法定代表人李某作为消防安全责任人，未落实相关消防安全责任制，未组织和落实本单位消防安全管理各项具体工作，建议由××公司按照公司规章制度进行内部处理。

七、防范和整改措施

（一）××公司应认真吸取本起事故的深刻教训，进一步落实企业安全生产主体责任，防止类似事故再次发生，并做到如下要求：

1）加强公司安全生产管理，建立、健全安全生产责任制，完善公司安全生产管理制度和生产条件。

2）公司主要负责人要认真履行安全管理职责，制定并完善本单位消防安全责任制和消防安全制度，制定应急预案并进行有针对性的消防演练，同时加强对员工的消防安全宣传教育培训。

3）开展全面安全隐患排查，对查出的安全隐患要及时整改。

（二）为深刻吸取新能源汽车自燃等事故教训，各部门要各司其职，形成合力，依法在各自领域加强各项风险防控措施，并做到如下要求：

1）××街道要落实属地管理责任，要与各职能部门进行业务对接，适时通过现场召开事故警示会等方式加强警示教育，督促新能源汽车生产制造、运营企业和充电设施建设运营企业及其从业人员切实强化新能源汽车自燃等事故防范意识，防止此类事故的再次发生。

2）区工业和信息化局要严把新能源汽车生产企业及其产品准入关，加强报废新能源汽车回收管理，切实督促指导相关报废汽车回收企业做好报废新能源汽车临时停放和拆解废旧电池存放的安全管理。

3）××市场监管局要督促指导相关企业牢固树立质量安全责任意识，严格管控生产过程，严格车辆出厂监测等；同时，严格实施缺陷产品召回管理制度。

4）区发展改革局要强化充电设施质量及运营安全风险管控，配合市发改委建设全市统一的充电设施监控平台。

5）市交通运输局××管理局、区住房建设局和××交警大队要按照各自职能，加强电动客车场站、商业或住宅等物业服务范围内停车场、社会公共停车场等重点场所内新能源汽车充电设施的隐患排查，重点加强对早期推广车辆及其充电设施的安全隐患排查，对不满足规范要求，确实存在火灾安全隐患的，要督促相关责任单位立即采取措施予以消除，对存在违法违规行为的企业，依法坚决予以查处。

6）区应急管理局要加强应急处置能力建设，督促指导新能源汽车营运企业和充电设施建设营运企业研究制定自燃事故应急预案并加强应急培训和演练，大力提升新能源汽车自燃等火灾事故的应急处置能力。

第一节　事故确认和报警

人类根据工业革命以来几百年的经验，总结出一套通用的事故应急流程，下面根据前面介绍的电动客车火灾事故案例予以说明。5 时许，值班人员发现电动客车着火后，应立即向本单位负责人李某报告，李某再向消防支队报警，同时启动火灾专项应急预案，如图 9-2 所示。

图 9-2　确认事故真实后，应启动应急预案（预案是事先做好的、演练过的），防止误报

道路交通事故的应急响应流程与发生在固定场区的事故有所不同，车辆道路交通事故应急响应流程如图 9-3 所示，报告时需要说明的信息量会更大，需要说明的信息如图 9-4 所示。

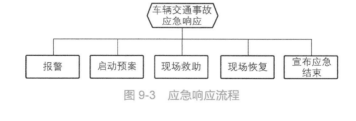

图 9-3　应急响应流程

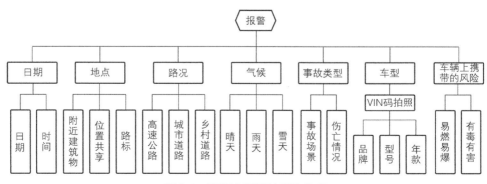

图 9-4　道路交通事故报告信息

第二节　启动应急预案

生产经营单位的主要负责人接到报警后，应确认是否误报或微小损失的事故，确认达到应急预案设定的事故条件后要按预案立即启动行动。启动预案时的主要动作如图 9-5 所示，包含指挥权分配、应急人员组成、应急通信保障、应急信息保障、应急物质保障。

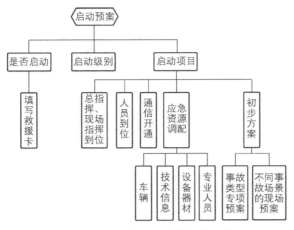

图 9-5　启动应急预案包括的工作

图 9-6 所示为深圳市公交系统对新能源公交车辆道路事故应急预案响应流程，供大家参考。

深圳市把纯电动公共汽车事故分为四级，具体划分标准如图 9-6 所示。每个生产经营单位可依据相关法规和本单位的应急资源情况制定事故等级的划分标准。

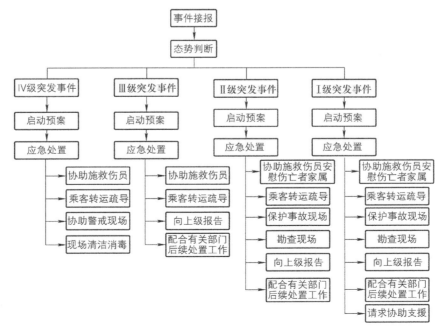

图 9-6　深圳市公交系统应急响应流程

第三节　电动公交客车安全事故处置方案

应急响应启动后，下一个步骤应按照应急预案中的相应处置措施进行处置，如图9-7所示。

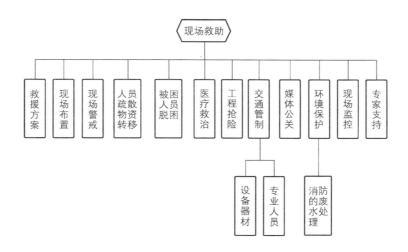

图 9-7　现场处置方案

第四节　电动汽车事故现场施救方案

电动汽车事故现场施救方案如图9-8所示。

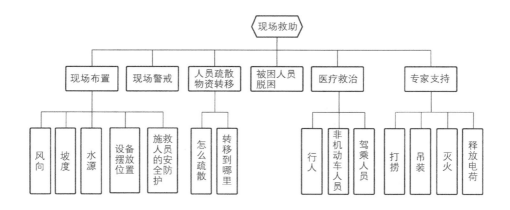

图 9-8　电动汽车事故现场施救方案

为了缩短制定施救方案的时间，作者根据经验制作了一个指挥板，供大家参考，如图9-9所示。

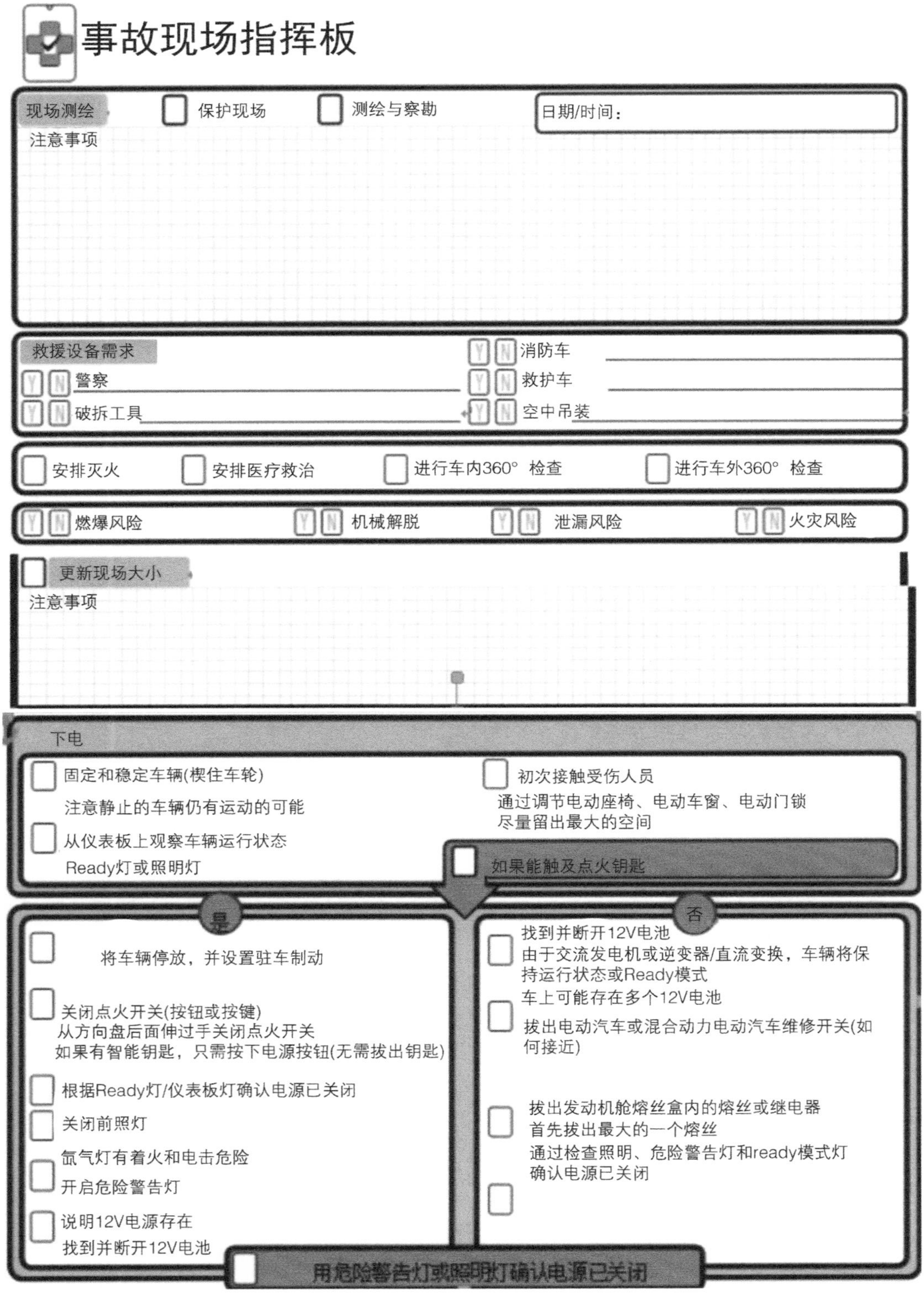

事故现场指挥板

现场测绘	☐ 保护现场	☐ 测绘与察勘	日期/时间:
注意事项			

救援设备需求		Y N 消防车
Y N 警察		Y N 救护车
Y N 破拆工具		Y N 空中吊装

☐ 安排灭火	☐ 安排医疗救治	☐ 进行车内360° 检查	☐ 进行车外360° 检查

Y N 燃爆风险	Y N 机械解脱	Y N 泄漏风险	Y N 火灾风险

☐ 更新现场大小

注意事项

下电

☐ 固定和稳定车辆(楔住车轮)
　注意静止的车辆仍有运动的可能

☐ 从仪表板上观察车辆运行状态
　Ready灯或照明灯

☐ 初次接触受伤人员
　通过调节电动座椅、电动车窗、电动门锁
　尽量留出最大的空间

☐ 如果能触及点火钥匙

是

☐ 　将车辆停放，并设置驻车制动

☐ 关闭点火开关(按钮或按键)
　从方向盘后面伸过手关闭点火开关
　如果有智能钥匙，只需按下电源按钮(无需拔出钥匙)

☐ 根据Ready灯/仪表板灯确认电源已关闭

☐ 关闭前照灯

☐ 氙气灯有着火和电击危险

☐ 开启危险警告灯

☐ 说明12V电源存在
　找到并断开12V电池

否

☐ 找到并断开12V电池
　由于交流发电机或逆变器/直流变换，车辆将保持运行状态或Ready模式
　车上可能存在多个12V电池

☐ 拔出电动汽车或混合动力电动汽车维修开关(如何接近)

☐ 拔出发动机舱熔丝盒内的熔丝或继电器
　首先拔出最大的一个熔丝
　通过检查照明、危险警告灯和ready模式灯确认电源已关闭

☐ 用危险警告灯或照明灯确认电源已关闭

图 9-9　救援现场指挥板

第五节 道路交通事故现场恢复

很多事故的善后工作（图 9-10）做得不好，没有保留好物证，给后续事故调查和处理带来很大的麻烦。记住事故善后是应急响应的重要组成部分。

图 9-10 现场恢复包含的工作

上述内容是通用的事故应急流程，后续将针对不同的事故类型给出一些具体的建议，这些例子主要是针对营运车辆的，因为营运车辆发生事故时，责任重大。非营运车辆也可以参考这些内容，适当做一些简化。

车辆是不能深度涉水行驶的（图10-1），大家一定要明确这一点，车辆允许涉水的深度是由车辆结构决定的，下面给出国家标准对汽车涉水和防水的技术要求。

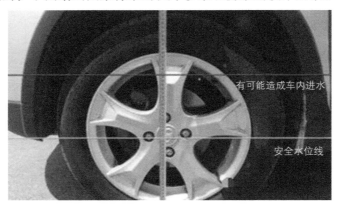

图 10-1　涉水深度一般不超过轮胎的一半

GB 18384—2020《电动汽车安全要求》第 63 条规定：车辆在 100mm 深的水池中，以（20±2）km/h 的速度行驶至少 500m，时间大约 1.5min，整车的绝缘阻值不能低于规定值。

本节主要讲述雨中驾驶、涉水驾驶和水淹三种情况。

第一节　雨中驾驶和涉水驾驶

首先尽量避免下雨天驾车出行，特别在大雨和暴雨天气时。若必须涉水行驶时，涉水时间不超过 1.5min，则要在涉水前判断路面的水深，涉水深度不能超过 500mm，涉水行车车速应小于 5km/h。当路面积水超过 500mm 时，不得涉水行驶。雨天驾车时，还要绕开低洼路面、涵洞和隧道。

第二节　水淹后的逃生方法

如果意外遇到水淹，那么首先要做的便是离开车辆。从看到洪水过来，到洪水水面升到车门一半的位置通常要 1min。给你留下的打开车门、弃车的逃生时间只有 1min。如果不幸被困在车内，则还有两种逃生方法。

一、水上破窗逃生法

步骤为：松开安全带，使用工具打碎车窗玻璃，从车窗逃出。破窗工具有灭火器、后枕、破窗锤、高跟鞋、破窗器等，如图 10-2～图 10-6 所示。

二、水下 SWO 逃生法 （Seatbelt/Windows/Out）

这是美国总结的水淹后逃生法。当洪水漫过车门后，解开安全带，身体随水上浮，保持头部在车内最高的部位，等车内充满水，车门内外承受的水压一致后，打开车门，每辆车都有机械门把手，水淹后只能使用机械门把手。开门后，深吸一口气，钻入水中，朝有亮光的方向游出。

图 10-2　使用灭火器破窗

图 10-3　使用座椅后枕破窗

图 10-4　使用高跟鞋鞋跟破窗

图 10-5　使用破窗器破窗

图 10-6　超声波破窗器

第三节　新能源汽车打捞要点（被水淹没时）

施救人员在打捞浸入水中的车辆前必须等待水面无气泡且没有"嗞嗞"声发出（电池电解水的声音），也就是应等待电池的电量消耗光。施救人员须穿戴好绝缘防护用品才能进行打捞作业，以防触电。

车辆打捞上岸后，因车辆进水后，电子驻车系统可能已经失效，因此要使用其他方法固定车辆，防止溜车。

第四节　水淹车辆打捞后的处置、运输和停放

一般情况下，汽车在水里浸泡超过一定时间后（见车型使用手册）电池包和高压元器件会进水，因此车辆被打捞上来后需要排出车内的积水，有些车厂在电池包壳体上留有放

水孔，只要在预留孔处钻个孔，就可以排水，比如三菱 MIEV，具体的操作步骤可参考所淹车辆的维修手册。水淹车打捞后的一般处理方法如图 10-7 所示。

水淹	处置车辆部分进水时，应切断高压电池边接线，断开安全气囊电源以及断开燃料电池泵电源
从水中打捞出车辆	对车内水排干　　　　　　　　　　按照程序关闭电源
侵入水中的高压电池会被短路，被电离的水将产生氢气和氧气，氢气和氧气会聚积在车内，遇明火会发生爆炸，故应避免火花和明火。	

图 10-7　水淹车打捞后的一般处理方法

只能使用清障车运送水淹车辆。当水淹车辆被运回修理厂时，不能停在维修车间或封闭的建筑物内，需要露天放置，且与其他建筑或车辆之间至少要保持 15m 以上的距离，以防止汽车发生自燃时火焰传播。事故车辆停放技术要求如图 10-8 所示。

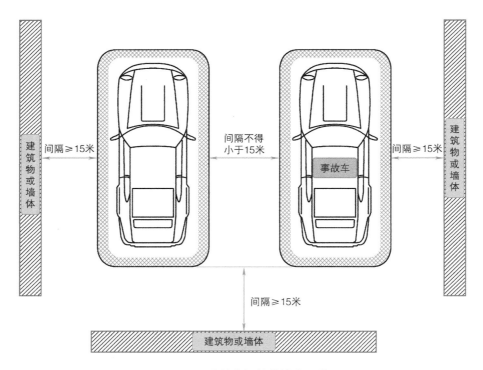

图 10-8　事故车辆停放技术要求

汽车火灾都是有前兆的，由火灾前兆到全车过火，其实车上人员是有足够的时间逃生的。如果你受过相应的训练，就会对火灾信号有足够的敏感性，会在第一时间做出反应，在 5min 内完成在高速公路内变道、停靠车辆、驻车和逃离。逃生能力是一种生存能力。

2016 年，中国汽车技术中心专家曾提出，公交车乘客从电池热失控开始到看到明火，有 4min 的逃生时间。

第一节　火灾产生的机理

为了了解火灾形成的原因并能够及时灭火，先来看看火焰形成的机理。

一、燃烧的三要素

火焰的形成必须有三个要素：点火源、可燃物和助燃物。它们被称为燃烧三要素。

1. 点火源

点火源是指供给可燃物与氧或助燃剂发生燃烧反应的能量来源。常见的点火源如图 11-1 所示。第六章第一节曾讲过，矿泉水瓶在太阳照射下就会成为一个点火源，另外静电火花、高温排水管、继电器的电弧等都是点火源。

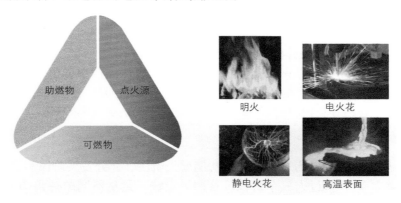

图 11-1　常见点火源

2. 可燃物

凡是能与空气中的氧或其他氧化剂起化学反应的物质都称为可燃物。常见的可燃物如图 11-2 所示。这些物质在车上、汽车维修车间到处可见。只靠控制可燃物来避免火灾是不现实的。

在汽车维修企业中，固态可燃物有纸张、木材、塑料、橡胶等，液态可燃物有汽油、柴油、油漆、溶剂等。

汽车维修作业中常见的电气可燃物有电线、PCB、电机等。遇到电气火灾时要使用二氧化碳灭火器。发生电气火灾时，对灭火剂的要求是不导电，无腐蚀作用，二氧化碳灭火剂正好符合该要求。

新能源汽车电池属于金属可燃物。

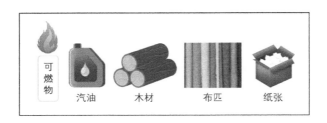

图 11-2　常见的可燃物（包括固体、气体、液体）

3. 助燃物

帮助和支持可燃物燃烧的物质叫助燃物（图 11-3）。在我们的工作或者生活环境中，助燃物也比比皆是。靠控制助燃物来避免火灾也是不可行的。但在抑制火焰传播时，可以通过减少助燃物来达到灭火的效果。

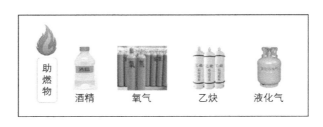

图 11-3　常见的助燃物

下面我们用"三要素"来分析一下电池包着火的过程。

在电池包着火事故中，点火源就是把化学能转换成热能的单体电池、电路板或线束，原本这些热能是要转换成电能的。可燃物是锰酸锂（$LiMn_2O_4$）、磷酸铁锂（$LiFePO_4$）、镍钴锂等正极材料，石墨等负极材料以及电缆等。助燃物就是空气中的氧气。

二、火焰的发展阶段

如图 11-4 所示，着火分为三个阶段：初期增长阶段、充分发展阶段和衰减阶段，还有一种说法是阴燃、明火和过火三个阶段。这两种说法，是从不同的视角描述了同一件事，后者更为形象一些。只有初期阶段的火焰才能使用灭火器去抑制。

案例分析

1）2015 年 × 月 × 日 19：04，某市路口一辆公交车起火，驾驶员听到后舱异响——这就是初期阶段，随即打开前后车门对乘客进行疏散，在疏散过程中有 9 名乘客受皮外伤。公交车持续燃烧，被烧成了铁架子——这是充分发展阶段。

2）火势于 19：15 分被扑灭——这是衰减阶段。

3）据消防部门的初步调查，着火公交车是一辆油电混合动力电动车辆，起火部位在后舱发动机处，整车全部过火面积约为 $20m^2$。

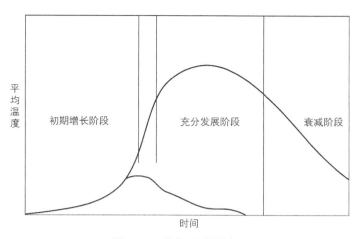

图 11-4 燃烧形成的过程

驾驶员通过学习这起事故案例，就可以清晰地判断当前火焰处于燃烧的阶段。采取适合的灭火战术在着火的初期阶段，公交车驾驶员的任务就是及时疏散乘客。

三、电气火灾演变过程

在新能源汽车维修作业中，电气火灾也是一种常见的事故类型。电除了能伤害到人体外，还能导致着火——电能不能做有用功，而是转变成热量，这种转变是不受我们控制的，受热物体积累热量就会成为点火源，点燃发热点周边的可燃物质。

> **注意**：电的来源除了电网外，还有雷电和静电。

导致电气火灾的原因如图 11-5 所示。

图 11-5 导致电气火灾的原因

案例分析

2015 年某月，在某路口发生了一起两车碰撞事故，涉事汽车车头部分损失严重，无法正常行驶，车主报案之后叫来拖车进行施救，就在涉事汽车被拖车拖往维修店的路上，意外发生了。涉事汽车在拖车上突然起火燃烧，所幸火势被及时发现并得到控制，但涉事汽车几乎完全损毁。

根据该车整车过火痕迹检查结果，发现该车动力电池接线柱剩磁为 0.6mT（这是对起火点的一种判断方法）。依据标准可判定为电气短路故障，因电路接触不良导致电路内的电阻过大，电流在流过大电阻时把电能转换成热能，这些累积的热量点燃了电缆的绝缘层，形成了火焰。根据上述检测结果，发现车辆存在因事故受损后拖行过程中电气故障导致车辆起火的物证特征，可排除油路故障及气路故障引起火灾的可能。该车起火与该车事故后被拖行途中电气故障有关。

四、灭火机理和灭火剂选用

1. 灭火的机理

既然形成火灾必须具备三个条件，那么灭火的措施就是抑制这三个条件：降温、停止可燃物的供给，隔绝氧气。灭火的机理如图 11-6 所示。

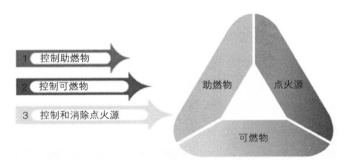

1 控制助燃物

2 控制可燃物

3 控制和消除点火源

助燃物　点火源

可燃物

图 11-6　灭火的机理

2. 灭火剂的选用

灭火剂是指能够有效破坏燃烧条件，使燃烧中止的物质，包括水、泡沫、干粉、二氧化碳、烟雾灭火剂等。不同的灭火剂适用于不同的火灾类型。我们按可燃物将火灾分为固态、液态、气态、金属、电气、餐厨物质六类。灭火剂装到容器里就是灭火器。大家不要搞混灭火剂和灭火器这两个概念。

可燃物不同，应选择的灭火剂也不同，如对于电气火灾，就应使用对电气火灾有效的灭火剂灭火。

对于电动汽车电池火灾，试验证明最有效的灭火剂是水。从消防栓等处大量放水，或者等待消防队的到来。有的电动汽车发生火灾需要 $10m^3$ 水。对电池着火用少量的水灭火反而会有危险。

① 冷却法：使可燃物质的温度降到燃点以下而终止燃烧（图 11-7）。

② 窒息法：使燃烧物质断绝氧气的助燃而熄灭（图 11-8）。

图 11-7　冷却法

图 11-8　窒息法

③ 隔离法：将燃烧物体附近的可燃物质隔离或疏散开，使燃烧停止（图 11-9）。

④ 化学抑制法：将有抑制作用的灭火剂喷射到燃烧区，并参加到燃烧反应过程中，使

燃烧反应过程中产生的游离基消失，形成稳定分子或低活性的游离基，使燃烧反应中止（图 11-10）。

图 11-9　隔离法

图 11-10　化学抑制法

3. 灭火器选用

灭火器是指把灭火剂储存在特制容器内的小型灭火设备。灭火器机动性强，操作简便，可以移动，适合个人灭火时使用，主要用来扑救初期火灾和小面积火灾。

灭火器的类型和适用火灾种类见表 11-1。

表 11-1　灭火器的类型和适用火灾种类

| 火灾类型 | 点火材料 | 水性灭火器 | | | | 气体灭火器 | 粉末灭火器 |
		增强型液体灭火器（雾）	普通灭火器	机械泡沫（化学泡沫）灭火器	机器泡沫（耐酒精）灭火器	二氧化碳灭火器	ABC 粉状灭火器
固体火灾	木制品等	◎	◎	○	○	×	○
	纸，纺织品等	◎	◎	○	○	×	△
	被褥	◎	◎	△	○	×	△
	橡胶，塑料	○	○	○	○	×	△
	合成树脂	○	○	○	○	○	○
液体火灾	易燃油（汽油等）	○	×	◎	◎	○	◎
	动植物油	◎	×	△	△	×	○
	矿物油（煤油等）	○	×	○	○	○	○
	酒类	×	×	×	◎	○	○
电气火灾	导线涂层（导电时）	○	○	×	×	◎	○

◎：可以很好地扑灭。○：可以完全扑灭。△：不能完全扑灭。×：不能扑灭。

4. 灭火器颜色识别（欧洲推荐灭火器标准）

灭火器颜色识别如图 11-11 所示。

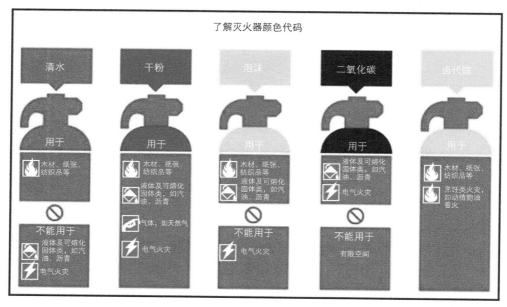

图 11-11 灭火器颜色识别

第二节 从着火车辆中逃生

一、火灾前兆的判断

与触电事故不同，行进中的车辆的火灾事故都会有前兆。

表 11-2 是日本国土交通省根据公交车着火案例归纳出来的着火前兆。如果行车过程中出现这些征兆，则尽可能迅速停车，确认有无异常。另外，在确认工作中，不要接触过热的部件或打开前后舱盖等，以防烧伤。

表 11-2 车辆着火的前兆

症状	现象	原因
加速不良	感觉加速比平时吃力，车辆没劲儿，滑行时有制动的感觉	制动拖滞引起的制动过热 轮毂轴承过热
制动失灵	踩下制动踏板时没有减速感或制动效果不良，同时闻到异臭味	制动拖滞引起的制动过热 传动轴轴承过热
异常振动	感觉转向盘有异常振动，或突然感觉乘坐不舒服，或感觉方向失控	轮胎爆破，突发轮毂轴承过热、咬死
异响、异味	听到与平时不同的声音，闻到橡胶和树脂烧焦的气味	电器异常发热，油品过热
白烟、黑烟	白烟和黑烟不断涌出，从后视镜可看到烟雾	漏油、燃料泄漏引起的着火 发动机/电动机、驻车制动器、行车制动器着火
电器失灵	电器不工作或异常工作，发出异响 熔丝被烧断	机器故障，如短路、过热 线束、开关、执行器过热
警告灯点亮	行驶中不应亮的警告灯突然点亮 蜂鸣器警报响起	忘记拉驻车制动手柄，电子驻车异常 前舱火灾警报系统启动

二、从着火车辆中逃生

如果汽车在行驶途中突然冒出烟雾且能嗅到焦味，或能看到明火时，驾驶员应马上停车并关闭车辆电源开关，还需要打开行李舱并降下驾驶员侧的玻璃，为后续灭火做准备，并尽可能利用驻车制动器固定车辆。为了防止驻车制动器因火灾失效，需用砖块或其他不易燃烧的物体固定车辆，防止车辆移动。下车后尽快向专业人员求助（拨打火警电话），切忌坐在车内打电话求助。驾驶员下车的同时，车内其他人员如老人、小孩也应全部下车到安全区域等候，不要继续留在存有安全隐患的车内。

着火车辆逃生要领如图 11-12 所示。

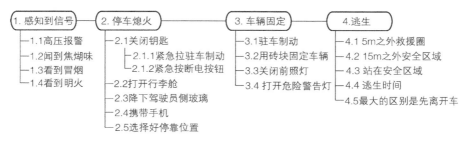

图 11-12　着火车辆逃生要领

（数据来源文章编号：1000-1964（2004）04-0424-04《交通隧道火灾时车辆临界安全距离的研究》）

第三节　疏散和隔离

当车辆发生自燃时，尤其很可能是汽车本身质量缺陷导致时，一定注意为维权保留好证据。着火车辆现场疏散和隔离要领如图 11-13 所示。着火车辆后续处理要领如图 11-14 所示。

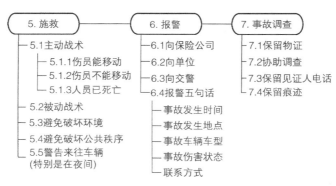

图 11-13　着火车辆现场疏散和隔离要领

图 11-14　着火车辆后续处理要领

第四节　对着火车辆的施救和后处理

施救工作需要专业人员来实施，在我国，施救人员主要来自消防队和道路救援组织，普通的驾驶人员，维修、充电操作人员，不承担救援任务。对新能源着火车辆进行施救的主要步骤如下所示。

一、车辆识别

在常见的五种道路安全事故的救援中都需要首先对车型进行识别。

二、车辆固定

在救援过程中需要将车辆固定，以防止其意外移动伤害施救人员，但是事故车辆的驻车系统可能已经失效，所以需要从外部来固定车辆。另外在切割汽车时，车辆也可能会失去轮胎对车身的支撑力，需要用垫块保证车身稳定。着火车辆固定方法同碰撞车辆，但是对电池包布置在底盘的车辆进行喷水冷却时，可能需要将车体倾斜，如图 11-15 所示。

对于中置电池包的车辆，冷却时需要倾斜车体，将电池包外壳暴露出来，如图 11-15 所示。

图 11-15　倾斜车体

三、下电

下电是新能源汽车专用的术语，是指切断高压电供给，目的是不让着火车辆车体带电。下电方法有维修作业下电和事故救援下电两类。每款车的下电方法不尽相同，比如特斯拉 Modle 3 和比亚迪 E5 的下电方法就不相同。在制定施救战术时，需要按照事故车辆的型号查阅其下电方法。

四、进入车辆方法

对被困人员进行施救时，需要迅速打开车门。在正常情况下，进入驾驶室不会有什么困难，无论是用 IC 卡、遥控钥匙还是机械钥匙，都可以打开车门或行李舱盖。但是在事故状态下，进入驾驶室可能就会遇到麻烦。比如有的车的门外把手是电子开关，由 12V 电源供电，当 12V 电源被切断以后，电子开关就会失效不能开门，只能拆下。机械开门手柄示例如图 11-16 所示。外部电子开关示例如图 11-17 所示。

图 11-16 机械开门手柄示例

图 11-17 外部电子开关示例

有的车型可以使用 IC 卡打开车门，如图 11-18 所示。

图 11-18 IC 卡开门示例

五、灭火方法

电池灭火剂的选择如图 11-19 所示。

🔥 火灾	根据国家消防标准 采用适当的车辆灭火方法

灭火剂
水已被证明是新能源汽车可以接受的灭火剂。
火焰初期灭火方法
执行主动灭火战术。
向非水源区域排放灭火废水。
镍氢/锂离子高压电池组火灾
如发生镍氢/锂离子高压电池组火灾，该事件的指挥官必须决定采用主动灭火战术还是被动灭火战术。当允许电池组燃烧时，高压电池会迅速燃烧，并能化为灰烬。
如果着火车辆配有锂离子高压电池组，且该电池组不包含锂金属，则不需要D类灭火剂。用水作为灭火剂灭火时可能导致可燃气体的释放。
需要站在安全距离以外用大量清水给电池组冷却。

主动灭火战术
站在安全距离以外用大量清水冲洗高压电池组可有效冷却着火镍氢/锂离子相邻的模组，将其温度控制在着火温度以下。相邻模组如果不是被水冷却，也将起火。
被动灭火战术
如果已决定采用被动灭火战术，那么消防人员应后撤至安全距离以外，让镍氢电池/锂离子高压电池模块自行燃烧。与此同时，消防人员可用水蒸气或水雾，以保护周边环境和控制烟雾的路径。

图 11-19 电池灭火剂的选择

　　水流要直接喷射在电池包温度最高的点上，如图 11-20 所示。可以先把车身倾斜，然后用热像仪找到电池包温度的最高点。

　　用水流冷却电池包上温度最高的区域是最有效的。实践证明，给车身"淋浴"的冷却方式是低效的。

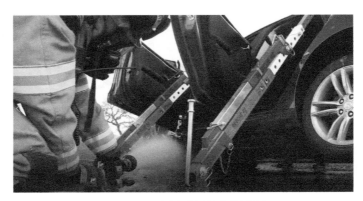

图 11-20　水流喷射的位置选择

使用热像仪如图 11-21 所示。

图 11-21　使用热像仪找出起火点，找出温度最高点

六、灭火战术

车辆灭火战术有主动战术和被动战术。

主动灭火战术：站在安全距离以外用大量清水冷却高压电池组，将其温度控制在着火温度以下。如果电池包中有一个模组热失效，则相邻模组需要用水冷却，否则热失控的模组会把相邻模组加热而至起火。

被动灭火技术：如果决定采用被动灭火战术，则消防人员应后撤至安全距离以外，让镍氢电池 / 锂离子高压电池模块自行燃尽。此时，消防人员可用水蒸气或水雾淋洒，以保护周边环境和控制烟雾的路径。

主动战术就是采取技术措施去扑灭火焰，被动战术就是不采取技术措施去扑灭火焰，主动战术的危险性比较大，一般当车内有被困人员需要解救时才会使用主动战术。

七、事故车辆的移交

消防人员在火焰熄灭后，会向事故后续处理人员移交车辆。移交时要嘱咐后续人员继续对电池温度进行监控温度，如果电池包温度继续上升，则需要继续对电池包进行冷却，另外还要让事故车辆继续控水。

八、事故车辆运输和停放

事故车辆运输和停放的要求与水淹车辆的一样，另外，将事故车辆中的水排干。

车辆碰撞和侧翻是两种类型的事故，这里把它们放在一起来讲，主要是因为施救的方法比较接近。碰撞分为轻度刮/擦、车体严重变形、驾乘人员被困、人员受伤等不同情况。碰撞后的首要任务还是脱离车辆，因为汽车碰撞后有可能导致燃烧。先脱离车辆，再根据受损情况制定战术。本章的内容分为两部分：一是驾乘人员逃生自救，二是专业施救。

第一节　碰撞事故逃生要领

无论发生什么程度的碰撞事故，迅速脱离车辆都是最明智的选择，靠边停车、驻车、弃车这几个步骤是必须要做的。每个步骤的要领如图 12-1 所示。

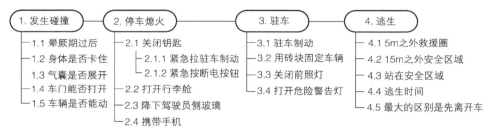

图 12-1　碰撞事故逃生要领

第二节　碰撞车辆的检查和事故处理

在车辆发生碰撞后第一时间（如未晕厥，人员清醒的情况下）查看人员是否受伤、被困情况，车辆是否能移动，车门是否能打开。如人员未受伤应关闭车辆电源，开启危险警告灯，警示其他车辆，防止二次事故发生。如果车门能打开应尽快下车（如车辆上有其他乘员时，应疏散乘客）到安全区域打电话报警或求助（报警的内容、报警人的姓名、联系方式；发生道路交通事故时间、地点；人员伤亡情况；事故车辆类型、车牌号、是否载有危险品、危险物品的种类等）。

施救人员到达现场后，应根据事故现场实际情况采用相应救援方案。确定救援方案后，在实施救援前应查看碰撞车辆是否有贯穿物、是否有漏油漏液现象、是否有起火征兆、车上是否有危化品等，查看完毕后再根据实际情况实施救援。

救援完成后应保留现场相关证据，以便事故后的调查定责。

碰撞事故发生后，应保护现场（或拍照摄像），由交警部门认定责任和保险公司现场查勘，施救人员应该对车辆的损坏情况进行严格的检查，如图 12-2 所示。

事故善后处理流程如图 12-3 所示。如果当事人怀疑事故是由于车辆质量缺陷导致车辆失控或者由于道路缺陷导致的车辆难以控制或控制不了而非操作失误，则要做好取证工作。

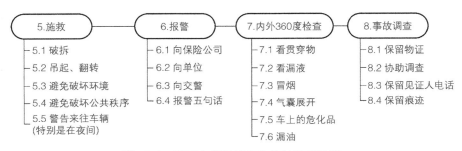

图 12-2　碰撞车辆的检查和事故处理步骤

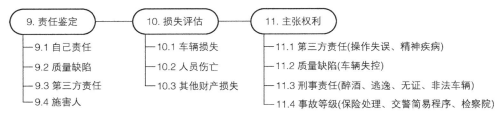

图 12-3　碰撞事故善后处理步骤

第三节　碰撞事故施救步骤

车辆碰撞后如有驾乘人员被困于车内，则需要专业人员对他们进行解救。施救工作的步骤如下：

一、做好施救人员的个人防护

在任何情况下，施救人员的安全都是第一位的。在施救前，施救人员需要穿防护服、佩戴头盔、面罩、手套，穿绝缘鞋等防护用具，如图 12-4 和图 12-5 所示。

图 12-4　防护手套

图 12-5　防护鞋

二、识别车辆并进行风险评估，制定营救方案

对碰撞车辆进行施救时需要对车辆进行破拆（就是破坏性分解），破拆时要使用液压切割设备和扩张设备。破拆前要判断被撞车辆是燃油车、纯电动汽车、混合动力汽车、液化天然气汽车还是燃料电池汽车，确定电池包、高压电缆和高压元器件所在的位置，如图 12-6 所示，确定气囊的位置，防止这些装置对施救人员造成伤害，如图 12-7 所示。施救人员还需要了解进入车内的方法，了解前舱盖和行李舱盖的开启方法。

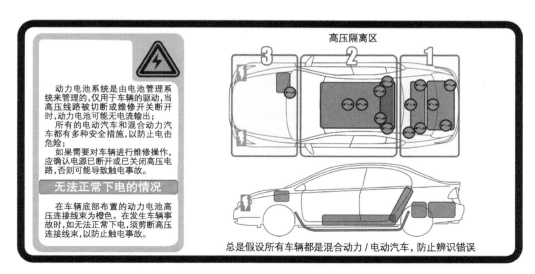

图 12-6　确定高压元器件位置

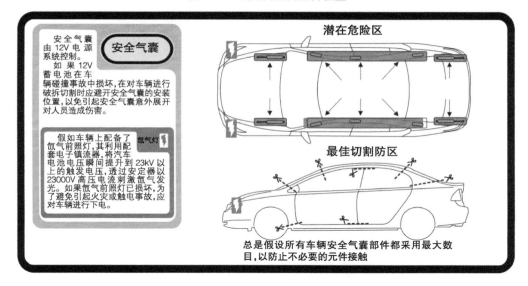

图 12-7　确定气囊所在位置

新能源汽车在碰撞后可能有潜在的爆炸和燃烧的危险，在施救前要按图 12-8 所示的方法进行风险评估。

三、固定车辆

事故车辆的驻车系统可能因为碰撞而失效，所以在施救前需要对车辆进行固定，如图 12-9 所示。固定木块至少要三块：前轮垫块、后轮垫块和中间垫块。对侧翻车辆需要用支撑杆将车辆固定，固定方法如图 12-10 所示。支撑点不能选择在电池包的壳体上。

四、切断高压电源

切断电源的方法有两类：一是维修切断；二是紧急切断。在碰撞事故施救中一般采用紧急切断，剪断给直流继电器供电的 12V 电源。

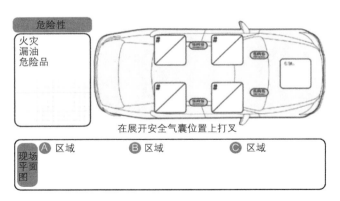

图 12-8 车上危险评估（起火点、漏油情况、车上的危化品、伤亡情况）

图 12-9 碰撞车辆固定方法

图 12-10 侧翻车辆固定方法

五、破拆

当有人员困于车内时，要使用破拆手段，一般是对仪表台（图 12-11）、前舱盖（图 12-12）、车门（图 12-13）进行破拆。破拆时，要先确定高压元器件、高压电缆、气囊、高强度钢的位置不能对其进行切割，选择好支撑点（受力点），先对车辆下电，再实施破拆。

图 12-11 仪表台破拆

图 12-12 前舱盖破拆

六、移交车辆

移交车辆时需要向后续处理人员交待注意事项，尤其要嘱咐维修人员继续对电池温度进行监控，如发现电池包温度上升，则需要对电池包进行冷却处理。

图 12-13 车门破拆

第四节 事故车辆的运输方法

本节给出的运输方法，适合于水淹车辆、碰撞车辆和着火车辆。事故车托运和牵引主要的风险是着火。不正确的运输方法会导致车辆着火或永久性损坏车辆。

一、使用清障车运送车辆

确认高压电池的负极被切断后，托运方法如图 12-14 所示。新能源汽车事故车辆运输工具首先选用平板式清障车，其次是拖吊式。如果托运途中出现异响、异臭、强烈振动等，则应立即停车检查。

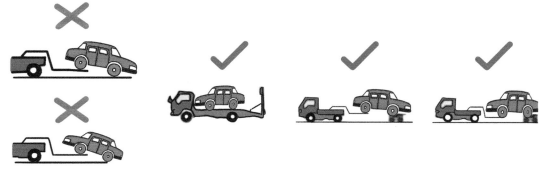

图 12-14 转运故障车辆的方法

二、使用牵引车辆运送车辆

在特殊情况下，可以使用软牵引，如图 12-15 所示，但应将故障车电源开关设为"ON"，将变速杆置于 N 位，如果低压电源不供电，则真空助力泵不工作，会导致制动困难；如果没有转向助力，则操作转向盘时会变得沉重，增加驾驶危险。

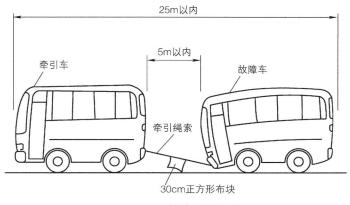

图 12-15 软牵引的要求

运输中注意以下三种情况：

① 由于故障导致传动齿轮不能脱开时（变速杆不能置于 N 位），可以把驱动桥半轴抽出，不让电机随车轮旋转。

② 实施软牵引时，如果出现异响、异臭、强烈振动等情形，立即停止牵引。

③ 慢慢地旋转故障车的转向盘。

本章并不讲述医疗知识，而是介绍在受伤后，必须在几分钟内要做的事：如果做到了，就可以为减轻伤害，为后续救治赢得时间。

第一节　常见伤病处理

在日常工作中，心跳停止和失去知觉的情况毕竟是少数，但小伤、小痛会不时地发生。下面介绍常见的小伤、小痛处置方法，然后学习如何处置这些伤病。

一、割伤的处理

割伤是维修作业时最常发生的伤害。发生割伤时要先根据严重程度进行分类再进行处理。常见割伤分类见表 13-1。

表 13-1　常见割伤分类

分类	伤害程度	特点	处置方式
开放性	伤到表皮	不出血	不需要处置
	伤到真皮	渗血	清洗、消毒、包扎，伤害面积较大时需使用外伤绷带包扎
	伤到皮下组织和毛细血管	流血	止血，包扎，去医院处置
	伤到大血管	大量出血	止血，包扎，去医院处置
非开放性	断肢骨折		止血，包扎，固定，保存断肢，去医院处置

1. 止血方法

我们的身体里有几种血管：毛细血管、动脉、静脉、心血管。维修作业经常碰到的是毛细血管或静脉、动脉破裂，这三种血管破裂的止血方法不同：毛细血管破裂，血会往外渗，等一会儿就自动止住了；静脉和动脉破裂，就会血流不止，动脉血流会随着心跳的节奏往外溢，而静脉血只会一直流。不管是动脉流血还是静脉流血都要止血，因为不止血的话，流血是不会自动停的，失血过多时，人就会休克。成年人身体里的血液大概有 4～6L，失血 20% 人就会休克，也就是失血 1L。假如静脉出血，以每分钟半杯的速度流血（半杯大约是 200mL），5min 之后人就会休克了。所以静脉出血时，留给我们止血的时间大概有 5min，要么自己想办法止血，要么赶到医院去止血。

止血的方法有很多种：

1）如果伤口不大的话，最直接的方法就是按压伤口。

2）如果方法 1）无效，就应该使用止血带止血法（图 13-1）。止血带应缠绕在血管的上游，即离心脏更近的那一部分。如果是自己给自己止血，则可用一个硬杆绞紧。止血带的另外一个好处就是避免伤害皮肤。

可能有人会担心使用止血带止血，会导致肌体组织长时间失血而坏死。止血带上都有记录包扎时间的标签，根据标签上记录的时间，每 30min 松开一次。

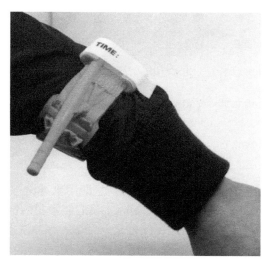

图 13-1　止血带样品

2. 断指的处置

断指后如果使用压迫法止血，可扎在受伤部位的上游。捆扎后要每 30min 放松一次。断指后，要用干净的纱布包裹断指，再用塑料薄膜密封（图 13-2），保存在低温的环境中。断指要同伤者一同送往医院。断指后要尽快就医，要在 6~8h 内进行再植手术（图 13-3），保证断指再植的成活率。切忌将断指浸入酒精、消毒水、盐水、冰水中等，这会降低再植成活率。

◆ 加冰或用冰棒降温冷藏

图 13-2　断指保存方法

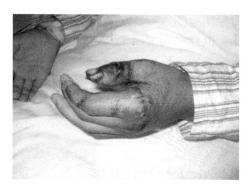

图 13-3　断指再植

二、烫伤和烧伤的处置

烧伤是泛指热力、电流、化学物质、激光、放射线等造成的组织损伤，烫伤是指热液、蒸汽等引起的组织损伤，两者有广义和狭义上的区别。一般来说，烧伤和烫伤后的处理方法没有太大的区别，主要是进行局部的清洁、消毒处理，保持局部的清洁和干燥，然后局部涂抹烧伤膏等药物进行治疗。汽车维修作业中的烫伤主要发生在排气管和发动机冷却系统这些部位。

1. 烧伤程度识别与对应的处置方法

不同程度的烧伤处置方法见表 13-2。

表 13-2　烧伤的处置方法

严重程度	特征	面积	处置方法
一度	红肿	10% 以下	用水冷却、消毒
二度	水泡	10% 以下	用水冷却，然后去看医生
三度	焦痂	10% 以上	在将病人送往医院之前，应该对病人危及生命的合并伤，如窒息、大出血、骨折、颅脑外伤等进行准确的伤情判断，迅速给予必要的急救处理

烧伤处理方法是脱去伤者的衣服，摘掉首饰，立即用水冲洗被烧伤的部位。对二度以上的烧伤应该去医院检查。水冲时间不得少于 20min。我们经常犯的错误是只冲了 2～3min，虽然烧伤处已经冷却，但是烫伤部位的深处还没有充分冷却。水冲洗需要持续 20min。

烧伤面积的估算可以用自己的手的面积作为标尺去衡量。如果烧伤面积大于十个手掌的面积，则意味着大于人体面积的 10%，属于三度烧伤。

2. 常见烧伤的现场急救

1）当受到气体、固体烫伤时，应迅速离开致伤环境。

2）当衣物着火时应迅速脱去，或就地卧倒打滚压灭，或用各种物体扑盖灭火，最有效的方法是用大量的水灭火。切忌站立喊叫或奔跑呼救，以防头面部及呼吸道吸入火焰损伤。

3）当发生电灼伤时，应立即关闭电源，把伤员移至通风处，松开衣服，并及时送附近医院进一步抢救。

4）当化学物质接触皮肤后（常见的有酸、碱、磷等），其致伤作用与这些化学物质的浓度和作用时间成正比关系，故受伤后应首先将浸有化学物质的衣服迅速脱去，并用大量水冲洗，以稀释和清除创面上的化学物质。发生磷烧伤时，应迅速脱去染磷的衣服并用大量水冲洗创面，或将创面浸泡在水中隔绝空气并洗去磷粒。如无大量水冲洗，则可以用多层湿布包扎创面，使磷与空气隔绝防止磷继续燃烧加重损伤。禁用含油质敷料包扎，以免增加磷的溶解和吸收。

三、拉伤和扭伤

拉伤和扭伤也是汽车维修作业中最常见的伤害之一。很多维修技师扭伤后"冰敷一下，休息几天"就恢复工作，轻度的扭伤，这样处置尚可，但对于严重扭伤，救治不及时或不恰当会导致严重的后果，由急性扭伤转为慢性扭伤，降低自身的劳动能力。

所谓扭伤，通常指的是韧带（图 13-4）断裂，而拉伤指的是肌肉或者是肌腱（图 13-5）的拉伤。

无论是扭伤还是拉伤，如果过于严重处于撕裂的状态，比如韧带撕裂等，则应该去医院检查，可能需要做手术和康复治疗。

扭伤后，受伤的部位会出现红肿热痛的现象。比如崴脚时，踝关节部位会肿起来，会红，还会疼痛，这就是扭伤的状态。碰到这类问题如何进行应急处理呢？这里介绍 RICE 原则（R=Rest 休息，I=Ice 冰敷，C=Compission 压迫，E=Elevation 抬高）。

1）保护。当发现扭伤时，一定要注意保护，不要做其他的运动。如果必须走动，则要穿戴关节固定用具，如图 13-6 所示。

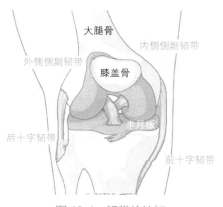

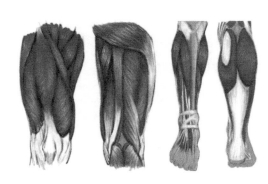

图 13-4 韧带的认知

图 13-5 肌肉的认知

2）休息。在受伤期间尤其是刚刚受伤时，千万不要去做任何运动，以免造成二次伤害。

3）冰敷。这是最重要的一点。当遭受急性的伤害后，最好是在伤害发生的 6h 之内进行两三次冰敷处理（图 13-7），每次冰敷的时间通常控制在 15～20min，尽量不要超过 30min。因为时间过长的话，如果受伤部位周围神经密布，则有可能会造成其他的伤害。在冰敷的过程中，人体首先会感到凉，然后是疼痛，接着是灼热的感觉，最后是麻木。当感觉到受伤的位置麻木的时候，说明冰敷到位了，就可以结束冷敷了，然后 2～3h 之后再反复进行这样的操作，直到红肿热痛的症状明显消除。切忌 48h 内热敷。

图 13-6 关节固定用具

图 13-7 拉伤冷敷冰袋

4）压迫。我们经常看到受伤的运动员会用有一定弹性的胶带（图 13-8）将受伤部位裹起来。这是因为裹起来以后给受伤部位一个压迫，让组织液回到体内，避免过多的组织液渗出。

5）抬高。抬高就是将受伤的腿架高，比如在崴脚之后，医生一般会建议伤者先卧床，然后把脚架高（图 13-9）。

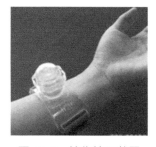

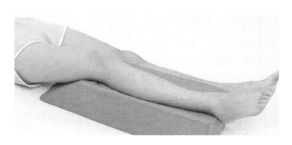

图 13-8 拉伤挤压装置

图 13-9 拉伤腿部加高方法

四、掉牙可以再植

如果因创伤导致牙齿折断，脱落，则可将牙齿放入一个干净的水瓶内，20min 之内到牙科诊所那里再植，大部分情况都能再植成功。注意这里说的是牙连根掉落，而不是牙齿折断。

五、猫咬伤也要打疫苗吗

现在许多维修厂都养猫养狗，一旦被猫抓伤或被狗咬伤，一定要及时处理。不管被什么动物抓、咬伤都要去打疫苗。

六、眼部进入异物

在维修作业时，如果有异物进入眼里，需要：

1）当轮胎、底盘下的沙尘进入眼内时，可用两个手指握住上眼皮、轻轻向前提起，往患眼内吹空气。

2）当铁屑、玻璃进入眼内、切忌搓揉眼睛，应用水清洗眼部或去求医。

3）当冷却液、制动液、制冷剂进入眼内，正规的清洗是避免失明的保证。冲洗时将伤眼一侧朝向下方，用食指和拇指扒开眼皮，冲洗时间不能少于 15min，尽可能使眼内的腐蚀性化学物品全部冲出。

4）用紧急洗眼器进行冲洗（图 13-10 和图 13-11）。也可以使用人工泪液或消炎药水。

图 13-10　眼部清洗提示

图 13-11　眼部清洗方法

5）选择正规的医院就医。如果进入到眼睛里面的异物一直没有取出来并且疼痛难忍，看东西模糊，就必须去求医。

七、吸入有毒物质

误吸入有毒物质，处置方法比较复杂，应及时去医院救治。

八、中暑

人体的正常体温是 36.5 ～ 37.5℃，中暑就是体温过高，热疲劳、热射病都叫中暑，只是程度不同。

1. 轻度中暑

夏天长时间在太阳下露天修车容易发生轻度中暑。如果突然觉得头晕，想呕吐，喘不上气来，这就是轻度中暑。轻度中暑的急救措施是搬移、降温、补水三步法。马上找个阴凉的地方去降温、喝水，防止脱水，然后好好休息。

2. 中度中暑

如果轻度中暑没有得到控制，就会进入热疲劳的状态。热疲劳的主要特点是不停地流汗，不像轻度中暑那样大汗淋漓，而是出一层细细的汗，皮肤摸上去像鱼皮一样，很滑，面色惨白，人也不太清醒，有的人会吐，随时会昏迷。这个时候需要在前边三步法的基础上使人苏醒并转移。

3. 重度中暑

如果热疲劳继续下去，就会进入热射病——身体调节体温的系统崩溃了。中度中暑时人是无意识地出汗，实际上是身体正在努力调节体温。重度中暑时是交感神经崩溃，结果就是人不再出汗了，然后体温急剧升高，你会看到中暑的人皮肤变红，距他 2～3cm 就能感觉到他身上的温度，这时他的体温可能达到 40～41℃了。

这时就需要把中暑者立即送医院救治。

第二节　现场救护

时间就是生命！晕厥救护工作如图 13-12~图 13-19 所示。下面这些内容旨在帮助你和你的同事实施救生急救，直到训练有素的救援人员到来。

1. 意识能力评估

　　当确认周边环境安全后，为了给伤员最佳的生存机会，必须迅速评估伤员的意识。快速的评估将使有效的处置得以进行，也可以将准确的信息传递给救护车。

检查伤者是否有意识

1. 问"如果你能听到我的话，就睁开你的眼睛"，或叫他的名字。

2. 冲着伤者的耳朵说"睁开眼睛"。

3. 通过摇晃伤者的肩膀，让伤者受到轻微的刺激。

4. 除非环境或情况危险，否则不要移动伤员。

　　"如果你能听到我的话，
就睁开你的眼睛。"

图 13-12　意识能力评估

2. 请求帮助

呼叫紧急医疗服务(EMS)

拨打急救电话，120或110，电话接通后你要：

1. 准确描述事故及伤亡情况。告诉他们伤员是否呼吸。

2. 给出你的确切位置。

3. 安排人员去接应专业救援人员。

4. 不要在通话时主动挂断电话，操线员会在适当的时候中止通话。

只有你一个人时，如果有人回应你，请他们留在你身边，帮助你打开呼吸道。

图 13-13　请求帮助

3. 打开气道

没有意识的伤者，打开呼吸道。

1. 观察口腔有无异物，有异物时取出口内异物，清除分泌物。
2. 用一只手推前额使头部尽量后仰，同时另一只手将下颌向上方抬起。
3. 如怀疑有颈部或脊髓损伤时不要使用仰头抬颌法。

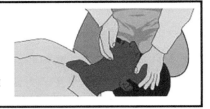

图 13-14　打开气道

4. 判断呼吸

呼吸评估

用眼看、面部感觉、耳听，判断伤员呼吸是否存在。

1. 看伤员的胸部是否有起伏。
2. 用你的脸颊靠近伤员鼻孔，感觉他是否有呼吸。
3. 靠近伤员面部，倾听是否有呼吸声。
4. 观察10s。

无呼吸者

立即进行心肺复苏（CPR）及心脏除颤（如有除颤仪）。

有呼吸者

可将伤员放置成恢复姿态。

图 13-15　判断呼吸

5. 心肺复苏（CPR）

人工呼吸

1. 确保伤者躺在坚实平坦的地面上，做两次人工呼吸。
2. 保持压额抬颌手法，用压住额头的手以拇指食指捏住伤员鼻孔，防止吹气气体从鼻孔排出而不能由口腔进入到肺内，深吸一口气，屏气，用口唇严密地包住昏迷者的口唇（不留空隙），注意不要漏气，在保持气道畅通的操作下，将气体吹入人的口腔到肺部。吹气后，口唇离开，并松开捏鼻的手指，使气体呼出。观察人的胸部有无起伏，胸廓膨起为有效。待胸廓下降，按照第一次吹气方法吹第二口气。

人工呼吸

胸外按压

1）按压位置，正确位置在胸骨中下1/3交界处（胸骨下半部，胸部正中央，两乳头连接线中点）。

2）抢救者双手掌根重叠，十指相扣，下面手的手指抬起（以避免按压时损伤肋骨），掌根部为按压区。

3）抢救者跪在伤者一侧，双肩前倾在患者胸部正上方，腰挺直，以臀部为轴，用整个上半身的重量垂直下压，双手掌根重叠手指互扣翘起，以掌根按压手臂要挺直，胳膊肘不能打弯。

4）按压频率，100/min；按压深度，4~5cm；心脏按压与人工呼吸比例为30:2；按压与放松比例为1:1。

按压位置

按压手势

向上放松
向下按压
4~5cm
支点(髋关节)
按压动作

心肺复苏可以终止的条件

1）伤病员已经恢复自主呼吸和心跳。
2）有专业医务人员接替。
3）抢救医务人员确定被伤者已经死亡。

图 13-16　心肺复苏

6. AED（体外自动除颤仪）

如果有AED（自动体外除颤仪），请马上使用，并根据仪器提示音操作。

图 13-17　AED 除颤

7. 无意识者

呼吸正常

如果呼吸正常，则转到恢复姿势。

1. 检查其他明显的损伤。
2. 拿出口袋里锋利的东西。
3. 将伤者转到恢复位置。
4. 将最近的手臂与身体转成直角（图1）。
5. 将最远的手臂交叉于胸前，将手背放在脸颊上（图2）。
6. 保持这个姿势，同时抓住膝盖的顶部抬起另一侧的腿（图3）。
7. 轻轻推动膝盖，让伤者转到面向你的一侧（图3）。
8. 伤病员应完全转过来，稳定。
9. 将腿弯成90°角（图4）。
10. 拨打急救电话。

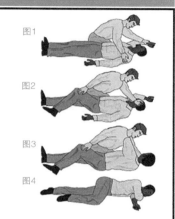

图1

图2

图3

图4

图 13-18　无意识者的恢复姿势

8. 其他急救处置

出血处置
1. 如果可能的话，拨开伤口并抬高部位。
2. 检查伤口。如果有任何异物存在，则将其拔出并包扎。
3. 直接按压伤口止血。
4. 打开纱布包（图1），将其盖在伤口处。
5. 施加适当的压力，并固定纱布。
6. 一次使用一卷纱布，最多不超过两卷。如果两卷纱面都渗血，则需要更换新的纱布。
7. 如果处理肢体，则保持患肢抬高（图2）；

图1

图2

骨折处置
1. 保持伤者不动。
2. 不要试图移动骨折的部位。
3. 检查受伤部位是否有出血——如果有则先处置出血部位。
4. 如果有骨头从伤口处伸出来，请不要碰它。有明显出血时，应在伤口周围包扎，不要在伤口上包扎。
5. 如果伤者不能自行保持稳定，则可以协助稳定伤者。
6. 拨打急救电话请求帮助。

灼伤处置
1. 确保周边环境没有风险。如果有，应首先控制或消除风险。
2. 如果要处理化学烧伤，请用大量的水清洗受伤部位，确保不要将化品清洗到未受伤的部位，并寻求医疗救助。
3. 非化学性烧伤应在流动的冷水中浸泡至少10min（任何物品，如手表，都应取下）。
4. 一旦冷却，应覆盖无菌纱布（非蓬松）。
5. 参考医疗救助。

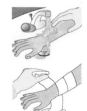

注意：
· 不要涂抹蓬松的敷料。
· 不要涂抹乳液、软膏或乳膏、黄油、人造黄油或脂肪。
· 不要去除破损的皮肤或破裂的水泡。

图 13-19　其他急救处置

第三节　触电救护

一、触电急救

触电可以分为几种，有时候是直接接触了电线，有时候（比较特殊的）是被雷电劈中或被高压电击中，当然我们常规说的是接触电线触电。如果要进行急救，一定要保证自己的安全，这点很重要，比如看到有触电的人，先把电源断开，用不导电的木棍或者其他工具把电线挑开，再把患者转移到比较安全的地方去急救。如果病人生命体征还可以，假如没有昏迷、烧伤，尽快送医院；如果病人被电击后，已经出现昏迷，心跳、呼吸骤停，则要根据上节学习过的相关知识第一时间做心肺复苏和拨打急救电话。

如电源是高压电，则不能马上接近受害人，要站在安全区域拨打急救电话，等待专业人员关闭电源。遇险人员被转移后，应立即向上级主管报告并填写事故报告，尽量给出详细信息并留下你的联系方式。对于暴露、损坏、出故障的电器设备要进行隔离或警戒，报告事故发生的原因，以便该故障能尽快得到修复，避免事故的再次发生。

二、其他伤害的处置

1. 对于电灼伤的处置

当电路流过皮肤时，皮肤会被电灼伤。

1）对意识清醒的受伤人员，可将受伤部位置于冷水下冷却 15min，然后再去医院检查。

2）对于丧失意识的受伤人员，可将其放在可恢复的位置上，用湿布敷在受伤部位上，然后拨打 120，呼救救护车。

2. 对发生肌肉痉挛或癫痫的伤者

应保护受伤人员的头部，但不要强制去抑制痉挛；监视受伤人员的情况，请求帮助，等待救护车到来。

3. 对于外表没有特征的触电人员

应送去医院检查，因为触电几个小时后也会对器官和组织造成损伤。

职业病与事故伤害相比，可以用急性病和慢性病来比喻。事故伤害是急性病，职业病是慢性病。职业病的症状一定是逐渐积累，量变到质变的过程。

第一节　什么是职业病

要区分职业病和职业相关的疾病。

职业病概念：指企业、事业单位和个体经营组织（简称用人单位）的劳动者在职业活动中，因接触粉尘、放射性物质和其他有毒、有害物质等因素而引起的疾病。

职业病的分类和目录：由国务院卫生行政部门会同国务院劳动保障行政部门规定、调整并公布。2002 年 5 月 1 日正式施行《中华人民共和国职业病防治法》。

一些媒体把出租车驾驶员等人的胃病，媒体工作人员、科研人员等人的心脑血管疾病、高血压等统称为职业病，其实这样说是不准确的。由于引发这类疾病的原因很多，现在还不能将其划归职业病范围，只能称为职业相关疾病或职业多发病。

我国目前法定职业病共 10 类 132 种。10 类分别为尘肺、职业性放射性疾病、职业性化学中毒、物理因素职业病、职业性皮肤病、职业性眼病、职业性耳鼻喉口腔疾病、职业性肿瘤、其他职业病。其特点是有明确的病因，职业危害因素和职业病之间有明确的因果关系，病因和临床表现均有特异性。

职业多发病的特点在于，职业因素可以促使疾病的发生和加重，是多种发病因素之一，但不是唯一的直接致病因素，或者职业因素只是诱因和加重因素，其他职业人群也会发生这种疾病。调离职业或改善劳动条件后，该病可以缓解或停止发展。其病因所致临床表现为非特异性的。如从事脑力劳动和紧张作业的驾驶员、售票员、报务员、会计、电话接线员、统计人员，高血压的患病率明显高于一般人群。出租车驾驶员的胃病患病率明显高于一般人群，高温工作者高血压的检出率远远高于非高温工作者等。

1）职业病危害因素包括职业活动中存在的各种有害的化学、物理、生物因素以及在作业过程中产生的其他职业有害因素。

2）职业危害因素分类。

① 物理性危害因素：噪声、振动、高温、光线过强、电离辐射等。

② 化学性危害因素：强酸强碱、粉尘、有毒有害气体等。

③ 生物性危害因素：病原微生物等。

④ 心理性危害因素：工作压力大等。

职业伤害是一个更大的概念，是职业活动中职业危害因素（物理、化学、生物等）导致的事故和伤害等情况，职业伤害包括职业病。伤害是一个法律和保险范畴内的术语。

根据中华人民共和国职业病防治法规定：职业病是指企业、事业单位和个体经济组织等用人单位的劳动者在职业活动中，因接触粉尘、放射性物质和其他有毒、有害物质等因素而引起的疾病。各国法律都有对于职业病预防方面的规定，一般来说，凡是符合法律规定的疾病才能称为职业病。职业病是属于工伤的一部分。

根据《中华人民共和国工伤保险条例》第十四条职工有下列情形之一的，应当认定为工伤：

（一）在工作时间和工作场所内，因工作原因受到事故伤害的；

（二）工作时间前后在工作场所内，从事与工作有关的预备性或者收尾性工作受到事故伤害的；

（三）在工作时间和工作场所内，因履行工作职责受到暴力等意外伤害的；

（四）患职业病的；

（五）因工外出期间，由于工作原因受到伤害或者发生事故下落不明的；

（六）在上下班途中，受到非本人主要责任的交通事故或者城市轨道交通、客运轮渡、火车事故伤害的；

（七）法律、行政法规规定应当认定为工伤的其他情形。

第十五条职工有下列情形之一的，视同工伤：

（一）在工作时间和工作岗位，突发疾病死亡或者在 48 小时之内经抢救无效死亡的；

（二）在抢险救灾等维护国家利益、公共利益活动中受到伤害的；

（三）职工原在军队服役，因战、因公负伤致残，已取得革命伤残军人证，到用人单位后旧伤复发的。

新能源汽车维修单位常见的物理性危害因素如图 14-1~ 图 14-4 所示。

新能源汽车维修单位常见的化学性危害因素如图 14-5~ 图 14-9 所示。

图 14-1　抬重物伤到腰

图 14-2　高温中暑

图 14-3　噪声因素

图 14-4　振动和电离辐射因素

图 14-5　粉尘因素

图 14-6　维修用胶

图 14-7　印刷电路中的铅

图 14-8　清洗油污的有机溶剂

图 14-9　酸素（电池的电解液）

第二节　预防汽车维修作业职业病

汽车维修作业可能接触到的职业病致病因素主要有粉尘、噪声和振动、电离性放射线、特殊化学物质。

1）粉尘危害及场所，见表 14-1。

2）噪声和振动危害及场所，见表 14-2。

表 14-1　粉尘危害及场所

危害	场所
尘肺病	制动蹄片里的玻璃纤维
	抛光、打磨

表 14-2　噪声和振动危害及场所

危害	场所
噪声聋	抛光、打磨
	喷漆打磨

3）电离性放射线危害及场所，见表 14-3。

4）特殊化学物质危害及场所，见表 14-4。

表 14-3　电离性放射线危害及场所

危害	场所
放射性疾病	电机
	充电桩
	逆变器
	DC/DC 变换器

表 14-4　特殊化学物质危害及场所

危害	场所
慢性中毒	气囊爆炸后的气体衍生物
	电池电解液
	密封剂、黏接剂、涂料、树脂泡沫
	驱动电机冷却液、制动液、润滑油与润滑脂类的化学材料

汽车维修用化学材料可能含有有毒物质，要注意采购品牌产品。常用化学材料见表 14-5。

表 14-5　常用化学材料

产品	基材	用途
汽车密封胶	单组分聚氨酯	车身蒙皮、内外饰、车身结构等部件的黏结。该胶要具有很强的黏结力和内聚力，与金属、多种漆面等有良好的黏结性
焊缝密封胶	单组分聚氨酯	室温固化型黏结剂：用于车身内部焊缝处的密封，使用毛刷手工刷涂；用于行李舱及车门折边处的密封，使用专用挤胶枪进行线装涂敷
抗石击底涂	橡胶和树脂	室温固化型底盘防护用防撞胶，在车底、轮罩处形成一层永久、抗老化的弹性耐腐蚀保护涂层。此类产品可以取代 PVC 涂层，具有优良的防锈、隔声、防石击等功能
风窗玻璃胶	单组分聚氨酯	室温固化聚氨酯黏结剂，用于车窗玻璃的直接黏结密封。该胶具有良好的黏结性能，与空气中的水分发生反应，固化后具有高强度、耐老化、耐振动疲劳、耐低温、无腐蚀等优异性能
清洗剂		清洁所有与底层涂料和黏结剂相接触的表面
压敏性胶带	丙烯酸胶带	用于防擦条、铭牌、护板、挡泥板、门边保护、车身各种装饰条等的黏结。此胶带具有卓越的耐候性和耐久性
热敏性胶带	丙烯酸胶带	主要用于汽车上橡胶类密封条系统的黏结。此类胶带要有很强的结合力，避免黏结不牢而出现间隙和腐蚀问题，具有较强的密封性能
胶带用底胶		根据黏接表面的材质，选用不同的底胶。黏接表面须清洁干净，待彻底干燥后用刷子将底胶均匀涂在被黏面，待干燥后粘贴胶带

零部件维修用胶见表 14-6。

表 14-6　零部件维修用胶

名称	用　途
硅橡胶平面密封胶	用于大间隙及挠性连接件的平面密封，如减速器箱体、法兰、底壳及端盖接合面等部位。涂胶前要清除密封面的残胶，清洗干净晾干后，在密封面上（或垫片）涂敷适当直径的封闭胶线。涂胶后立即将零件对准合拢，避免错移，上紧螺栓，擦除挤出的多余胶液，或待其固化后用刀片清除。该类密封胶不含溶剂，可在室温固化，不腐蚀机件，耐冲击、耐介质、耐高温
厌氧型螺纹锁固密封胶	用于螺栓、螺母、螺钉等部位的紧固与锁固，涂胶时，要将啮合处清洗干净，晾干后将胶液滴到啮合处。室温固化后，具有良好的耐冲击、耐振动、不渗漏、耐腐蚀等性能
厌氧密封胶	用于间隙比较小且需隔绝空气固化的平面部位的密封、螺栓锁固，具有耐水、耐油、耐腐蚀等性能

防松胶见表 14-7。

表 14-7　防松胶

名称	用　途
防松液	用于锁紧最大尺寸为 M6 的紧固螺纹，例如车门玻璃升降器手柄等
防锈剂	以橡胶为基本材料的一种防锈剂。用于汽车底盘的隔声和防锈处理，具有耐腐蚀、隔声的效果

有机溶剂见表 14-8。

表 14-8　有机溶剂

名称	用　途
洗枪水	清洗喷枪、清洗工具和稀释漆液
天那水	稀释漆液

注意事项：

1）除非有制造商的说明，否则不可以随意混合化学材料；某些化学物质在混合时会形成其他有毒或有害的化学物质并释放出有毒、有害的气体，甚至可能引起爆炸等其他事故。

2）不可以在封闭的环境中喷洒化学物质。

3）除非有制造商的说明，否则不可对化学材料进行加热，因为有些化学材料是高度可燃的，而有些则可能在高温下释放出有毒有害气体。

4）不可让化学材料容器保持开启状态。这是因为散发出的气体可能会积聚到有毒、有害或爆炸的程度。某些气体比空气重，会在封闭空间内积聚。

5）不可以将化学材料装入未经过标示的容器内。

6）不可以使用化学材料清洁手部与衣物。化学药品，尤其是溶剂与燃料，会使皮肤变得干燥，可能会造成过敏，导致皮肤炎症或通过皮肤直接吸收有毒、有害的物质影响身体健康。

7）除非容器已在受到监督的情况下清洁干净，否则不能随意地用空容器存放其他化学材料。

8）不可随意嗅或闻化学材料。短暂地暴露于高浓度的气体下，仍有中毒或受伤害的可能。

第三节　预防动力电池电解液的伤害

电池电解液对汽车维修人员来说是比较陌生的，其危害性很大现将其理化特性介绍如下：

一、电解液的物理化学性质

锂电池主要使用的电解液有高氯酸锂、六氟磷酸锂等。但用高氯酸锂制成的电池的低温性能不好，有爆炸的危险，因此在日本和美国已禁止使用。而用含氟锂盐制成的电池的性能好，无爆炸危险，适用性强，特别是用六氟磷酸锂制成的电池。除具有上述优点外，将来废弃电池的环保处理工作相对简单，对生态环境友好，因此该类电解液在车用动力电池上应用十分广泛。

电解液是无色液体，稍有气味；蒸气压 1.33kPa/23.8℃；闪点[一] 25℃；熔点 –43℃；沸点 125.8℃；不溶于水，可混溶于醇、酮、酯等多数有机溶剂；相对密度 1.0（水 =1）或 4.07（空气 =1）；稳定；危险标记 7（易燃液体）。

二、锂电池电解液（图 14-10）对人体的危害

图 14-10　锂电池电解液

1）健康危害：电解液是轻度刺激剂和麻醉剂。人吸入后会引起头痛、头昏、虚弱、恶心、呼吸困难等。液体或高浓度蒸气有刺激性，电池燃烧时会有高浓度的电解液蒸气释放出来。误服电解液会刺激胃肠道，皮肤长期、反复接触会有刺激性。

侵入途径：吸入、食入、经皮肤吸收。

2）毒理学资料及环境行为。

①毒性：估计能通过胃肠道、皮肤和呼吸道进入机体，表现为中度毒性。

②急性毒性：人吸入 20mg/L（蒸气）10min，会流泪及刺激鼻黏膜。

③生殖毒性：仓鼠腹腔 11.4mg/kg（孕鼠），有明显致畸胎作用。

3）危险特性：易燃，遇明火、高热有燃烧的危险。其蒸气比空气重，能在较低处扩散到相当远的地方，遇明火会引着回燃。

[一] 可燃液体能挥发变成蒸气，温度越高，挥发越快。电池热失控时从电池包内喷出的白色雾状气体，就是电解液的蒸气。当挥发的蒸气和空气的混合物与火源接触能够闪出火花时，把这种短暂的燃烧过程叫作闪燃，把发生闪燃的最低温度叫作闪点。闪点越低，引起火灾的危险性越大。

燃烧（分解）产物：一氧化碳、二氧化碳。

三、电解液泄漏应急处置

遇到电解液泄漏的情况时，要迅速撤离泄漏污染区人员至安全区，并进行隔离，严格限制人员的出入。泄漏区要切断火源。应急处理人员进入污染区要戴自给正压式呼吸器，穿消防防护服。尽可能切断泄漏源，防止电解液进入下水道、排洪沟等限制性空间。

小量泄漏：可用其他惰性材料吸收，也可以用不燃性分散剂制成的乳液刷洗，洗液稀释后排入废水系统（多见于电动汽车碰撞现场）。

大量泄漏：构筑围堤或挖坑收容。用泡沫覆盖，降低蒸气灾害。用防爆泵转移至槽车或专用收集器内，回收或运至废物处理场所处置。

施救人员防护措施如下：

① 呼吸系统防护：空气中泄漏蒸气浓度较高时，建议佩戴自吸过滤式防毒面具（半面罩）。

② 眼睛防护：戴安全防护眼镜。

③ 身体防护：穿防静电工作服。

④ 手防护：戴橡胶手套。

⑤ 其他：工作现场严禁吸烟。工作完毕应淋浴更衣，注意个人清洁卫生。

四、急救措施

1）皮肤接触：脱去被污染的衣服，用肥皂水和清水彻底冲洗皮肤；水冲洗 15min 以上。

2）眼睛接触：提起眼睑，用流动清水或生理盐水冲洗；就医。

3）吸入：迅速脱离现场至空气新鲜处，保持呼吸道通畅。如呼吸困难，则应输氧；如呼吸停止，应立即进行人工呼吸；就医。

4）食入：饮足量温水，催吐，就医。

> **注意**：吸入和食入的区别。

5）灭火方法：喷水冷却容器，可能的话将容器从火场移至空旷处。灭火剂：泡沫、干粉、二氧化碳、砂土。

下面先来看一个真实的案例，看看从中能够总结出来哪些经验和教训。

高处坠落死亡事故调查报告

2017 年 10 月 11 日 10 时左右，某公司发生一起高处坠落事故，造成 1 人死亡。依据《生产安全事故报告和调查处理条例》（国务院令 493 号）及该市生产安全事故调查处理工作规范的有关规定，区政府委托区安监局牵头，成立了由区监察局、区总工会、公安分局、区交通局、街道办组成的事故调查组，并邀请区检察院参加，组长由区安监局局长刘某某担任，副组长由区安监局副局长高某和区监察局派驻第三纪检组熊某某担任。事故调查组对事故进行了调查，情况如下：

1. 基本情况

详细说明事故发生单位基本情况和防雨棚概况，此处略。

2. 事故经过及善后处理情况

（1）事故经过

2017 年 10 月 11 日上午 9 时左右，某公司钣金工刘某某带领徒工李某某翻越公司二楼宿舍窗户攀上公司修理车间前防雨棚顶，拆除违规搭建的防雨棚。拆除作业顺序：拆除固定篷布的螺钉→翻卷篷布→移除篷布→完成防雨棚篷布层拆除→拆除彩钢板→拆除棚架。在拆除部分固定篷布的螺钉后，刘某某踩踏在防雨棚下层彩钢板上继续后续作业。在已发生一次彩钢板踩空未遂事故的情况下未向公司汇报危险、未采取任何防范措施继续违章作业。

2017 年 10 月 11 日上午 10 时左右，刘某某踩踏在彩钢板上，彩钢板与拱架连接处因承载超重撕裂形成洞口，导致刘某某从防雨棚顶坠落至地面（坠落高度 4.6m），经送医院抢救无效死亡。

（2）善后处理情况

略。

3. 应急救援处置情况

略。

4. 事故原因及性质

（1）直接原因

刘某某在拆除防雨棚作业过程中未采取相应的安全防护措施，违反了《建筑施工高处作业安全技术规范》（JGJ80—2016）中"高处作业人员应按规定佩戴和使用高处作业安全防护用品、用具，并应经专人检查"及"建筑施工高处作业前，应对安全防护设施进行检查、验收，验收合格后方可进行作业"的规定，导致事故发生。

（2）间接原因

1）该公司未制定防雨棚拆除方案、未安排专业人员进行拆除施工、未对作业人员进行安全教育和安全技术交底。

2）该公司未督促员工采取安全防护措施及按规程进行拆除作业，且未派专人在场进行监督。

（3）事故性质

经过对事故原因的分析，该事故是一起因企业安全生产责任主体不落实、安全管理不到位、作业人员违规冒险作业而导致的生产安全责任事故。

5. 相关部门履职情况

该雨棚拆除作业工程量很小、临时性强，且事故发生突然，监管难度大。事故主要原因在于企业未认真履行安全生产主体责任。

6. 事故责任分析及处理意见

（1）死者刘某某在拆除作业过程中未采取安全防护措施，安全意识不足，在发生未遂事故后存在侥幸心理，仍不采取安全防护措施，不向该公司报告情况继续违章作业，导致事故的发生，应承担该起事故的直接责任。鉴于其在事故中死亡，不予追究其责任。

（2）该公司安全生产主体责任不落实，安全管理不到位，对事故发生负有管理责任。建议由区安全生产监督管理部门依据《中华人民共和国安全生产法》第一百零九条规定对该公司进行处罚。

（3）该公司主要负责人陈某某，未认真履行自身安全职责，对本单位安全生产工作管理不力，其应对事故发生负领导责任。建议由区安全生产监督管理部门依据《中华人民共和国安全生产法》第九十二条规定对某某公司主要负责人陈某某进行处罚。

7. 事故教训和整改措施

1）该公司应认真吸取事故教训，开展针对本公司管理人员、员工的安全生产教育培训，加强本公司管理人员、员工的安全意识；完善本公司安全管理制度，落实企业安全主体责任。

2）该公司在拆除施工前，应编制施工组设计、安全专项施工方案，确保拆除施工安全。

3）街道应按照"全覆盖、零容忍、严执法、重实效"的要求，继续深入开展安全生产检查工作，严厉打击各类安全生产违法行为，继续督促企业加强安全管理人员、从业人员的安全生产法规知识的教育培训，及时消除隐患，防止类似事故再次发生。

第一节　描述事故发生经过

写清楚时间、地点、人物、经过、结果，关键是写清楚事故过程的要素，见表15-1。

划分起因物与致害物：

1）起因物是指导致事故发生的物体或物质，与不安全状态是同时存在的。

2）致害物是指直接引起伤害及中毒的物质或物体，即与人体直接接触或人体暴露于其中而造成伤害的物体或物质。

3）举例。

① 人因坠落、滚落、摔倒而受伤时，说明工作场所（工作处、工作面）存在不安全状态，因而是起因物。人坠落、滚落、摔倒后碰到的对象是致害物。

表 15-1　事故过程记录表

行业		汽车维修	
企业规模		16 ～ 29 人	
起因物		轿车，公交车，摩托车	
事故类型		道路交通事故	
汽车维修	作业类型	托运	
	伤害类型	工程现场以外的汽车等运载工具	
被害者数（事故的损失）		死亡者数：0 人	工伤停工者人数：3 人
		工伤不停工数：0 人	失踪者人数：0 人
发生的原因（物）		交通危险	
发生的原因（人）		不按要求操作	
发生的原因（管理）		其他不安全行为	

② 物体飞溅、落下击中人时，原来承受飞溅物体的东西、承受的场所或者使物体落下的东西是起因物，飞溅物、落下物是致害物。

③ 物体活动击中人时，活动的物体是起因物。如吊车的吊物碰伤人时，吊车是起因物，吊物是致害物。

第二节　明确事故责任

一旦发生了责任事故，生产经营单位的责任主体就要承担图 15-1 所示的责任。

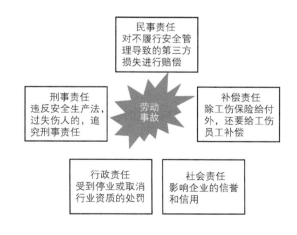

图 15-1　安全生产事故中企业应承担的责任

第三节　划分事故类型

《企业职工伤亡事故分类》（GB 6441—1986）将企业工伤事故分为 20 类，分别为物体打击、车辆伤害、机械伤害、起重伤害、触电、淹溺、灼烫、火灾、高处坠落、坍塌、冒顶片帮、透水、放炮、火药爆炸、瓦斯爆炸、锅炉爆炸、容器爆炸、其他爆炸、中毒和窒息，其他伤害。汽车修理行业常见的事故如下。

一、物体打击

即由于重力或其他外力作用，打击人体造成事故。预防措施有：

1）用已经进行了本质安全的机械设备进行替换。

2）实现材料供应、加工、产品提取的自动化。

3）设置安全罩、安全围栏、安全栅栏。

4）设置开关、自动停止装置。

5）设置紧急停止装置。

6）制定并使用安全操作手册（工作方法的改善）。

7）警报装置（光、声并用），设置路标。

二、车辆伤害

车辆伤害是和车辆有关的伤害。这里的车辆是指厂内车辆，即公司、企业、车间专用的机动车辆，如叉车等（不包括道路交通事故）。

预防措施：

1）安装、改良安全装置，如防止过卷装置、防冲撞装置。

2）搬运工程的机械、自动、机器人化。

3）改善运输通道，以确保安全。

4）限制搬运重量。

三、机械伤害

机械伤害是指机器在生产过程中对人体造成的伤害。

四、起重伤害

起重伤害是指起重机在运行、工作 、检修过程中，工具坠落对人体造成的伤害。

五、触电

触电是指接触带电体或电弧放电使人体造成的伤害。

预防措施：

1）不带电作业。

①工作前关闭电源开关。

②用检电器确认电压。

2）修复电气设备绝缘不良的部位。

3）加接地线。

4）连接防触电或漏电切断装置。

5）设置防电击装置（如在交流电焊机上设置专门保护装置）。

6）佩戴绝缘保护用具。

六、灼烫

人的皮肤受到灼伤。

七、火灾

由于火灾造成的人员伤亡。

预防措施：

1）设置静电去除装置。

2）确保避难通道畅通。

3）设置防止逆流装置，如对气焊工具设置专门保护装置。

4）对烟火进行管理。

① 禁止在危险物品、可燃物附近使用烟火。

② 设置灭火器。

③ 安排监视人员。

5）设置火灾报警装置。

八、高空坠落

主要是指人从高处坠落，由于人自身的重力造成的伤害。

预防措施：

1）设置安全栅栏和扶手。

2）设置脚手架、工作台。

3）清除工作通道的台阶，防止地板打滑等。

4）使用高空作业台（车）。

5）使用安全带。

6）直立梯升降时使用旋翼。

7）适当使用梯子。

上述分类法是按照起因物和致害物进行分类的，起因物是事故发生的物体或物质，与不安全状态总是同时存在的，致害物是直接引起伤害或中毒的物体或物质，如图 15-2 所示。

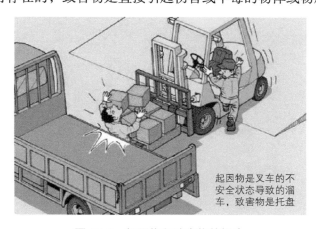

起因物是叉车的不安全状态导致的溜车，致害物是托盘

图 15-2　起因物和致害物的概念

第四节　确定事故损失

《生产安全事故报告和调查处理条例》根据生产安全事故造成的人员伤亡或者直接经济损失，将事故分为特别重大事故、重大事故、较大事故和一般事故，共四级。

1）特别重大事故，是指造成30人以上死亡，或者100人以上重伤（包括急性工业中毒，下同），或者1亿元以上直接经济损失的事故。

2）重大事故，是指造成10人以上30人以下死亡，或者50人以上100人以下重伤，或者5000万元以上1亿元以下直接经济损失的事故。

3）较大事故，是指造成3人以上10人以下死亡，或者10人以上50人以下重伤，或者1000万元以上5000万元以下直接经济损失的事故。

4）一般事故，是指造成3人以下死亡，或者10人以下重伤，或者1000万元以下直接经济损失的事故。

> **注意**：所称的"以上"包括本数，所称的"以下"不包括本数。

参 考 文 献

［1］中国国家标准化管理委员会，中华人民共和国国家质量监督检验检疫总局.企业安全生产标准化基本规范：GB/T 33000—2016 [S].北京：中国标准出版社，2016.

［2］中国国家标准化管理委员会，中华人民共和国国家质量监督检验检疫总局.企业职工伤亡事故分类标准：GB 6441—1986 [S].北京：中国标准出版社，1986.

［3］国家安全监管总局.关于印发《工贸行业重大生产安全事故隐患判定标准（2017 版）》的通知：安监总管四〔2017〕129 号 [EB/OL].（2017-11-30）[2021-05-07]. https://www.mem.gov.cn/gk/gwgg/agwzlfl/tz_01/201712/t20171205_235263.shtml.

［4］国家安全生产监督管理总局.安全生产事故隐患排查治理暂行规定第 16 号 [EB/OL].（2017-12-28）[2021-05-07]. https://www.mem.gov.cn/gk/gwgg/agwzlfl/zjl_01/200801/t20080110_233738.shtml.

［5］中国国家标准化管理委员会.特种设备安全监察条例 [M].北京：中国标准出版社，2009.

［6］全国人民代表大会常务委员会.中华人民共和国特种设备安全法 [M].北京：中国法制出版社，2014.

［7］深圳市市场和质量监督管理委员会.深圳市市场和质量监督管理委员会关于发布纯电动公共汽车运营安全管理规范的通知：深市质〔2018〕411 号 [EB/OL].（2018-09-10）[2021-06-01]. http://amr.sz.gov.cn/xxgk/qt/ztlm/szbz/tzgg_szbz/content/post_1969481.html.

［8］深圳市市场和质量监督管理委员会.深圳市市场和质量监督管理委员会关于发布纯电动公共汽车运营应急处置规范的通知：深市质〔2018〕415 号 [EB/OL].（2018-09-10）[2021-06-06]. http://amr.sz.gov.cn/xxgk/qt/tzgg/content/post_7352863.html.

［9］中国汽车工程学会，中国消防协会.电动汽车事故应急救援规程：T/CSAE 85—2018 [S].北京：中国标准出版社，2018.

［10］中国汽车工程学会，中国消防协会.电动公交车应急疏散预案编制指南：T/CSAE 89—2018 [S].北京：中国标准出版社，2018.

［11］全国汽车标准化技术委员会，国家市场监督管理总局.电动汽车产品使用说明：应急救援：GB/T 38117—2019 [S].北京：中国标准出版社，2019.

［12］中国汽车工程学会，中国消防协会.电动汽车火灾事故救援规程：T/CSAE 84—2018 [S].北京：中国标准出版社，2018.

［13］深圳市市场和质量监督管理委员会.深圳市市场和质量监督管理委员会关于发布纯电动公共汽车运营安全管理规范的通知：深市质〔2018〕411 号 [EB/OL].（2018-09-10）[2021-06-10]. http://amr.sz.gov.cn/xxgk/qt/tzgg/content/post_7352861.html.

［14］全国人民代表大会常务委员会.中华人民共和国安全生产法 [M].北京：中国法制出版社，2016.

［15］安全监管总局政策法规司.国家安全生产监督管理总局令第 3 号 [EB/OL].（2006-01-17）[2021-06-10]. https://www.mem.gov.cn/fw/flfgbz/gz/200601/t20060118_233390.shtml

［16］工业和信息化部.工业和信息化部令第 39 号 [EB/OL].（2017-01-06）[2021-06-10]. http://www.gov.cn/gongbao/content/2017/content_5216432.htm.

［17］全国人民代表大会常务委员会.中华人民共和国产品质量法 [M].北京：中国法制出版社，2018.

［18］国务院办公厅.中华人民共和国国务院令第 626 号 [EB/OL].（2012-10-22）[2021-06-11]. http://www.gov.cn/flfg/2012-10/30/content_2253888.htm.

［19］中国国家标准化管理委员会，中华人民共和国国家质量监督检验检疫总局.电动汽车传导充电系统 -

一般要求：GB/T 18487.1—2015 [S]. 北京：中国标准出版社，2015.

［20］日本国土交通省汽车维修课 . 汽车维修行业的风险评估指南 [Z]. 2009.

［21］日本汽车维修振兴会 . 日本汽车维修工安全卫生教材 [Z]. 2016.

［22］中国红十字会 . 红十字协会紧急救助手册 [Z]. 2013.

［23］BROCK A. High Voltage Vehicle Firefighting [EB/OL].（2019-04-09）[2021-06-11]. https://v.youku.com/v_
　　　show/id_XNDEzMTkxNTU4NA%3D%3D.html.

［24］中国安全生产科学院 . 安全生产法律法规 [M]. 北京：应急管理出版社，2020.

［25］中国安全生产科学院 . 安全生产管理知识 [M]. 北京：应急管理出版社，2020.

［26］中国安全生产科学院 . 安全生产技术基础 [M]. 北京：应急管理出版社，2020.

［27］中国安全生产科学院 . 安全生产专业实务其他安全 [M]. 北京：应急管理出版社，2020.

［28］中国国家标准化管理委员会，中华人民共和国国家质量监督检验检疫总局 . 电动汽车安全要求：GB/T
　　　18384.3—2015 [S]. 北京：中国标准出版社，2015.

［29］中国汽车工业学会 . 电动汽车安全指南 [EB/OL].（2019-12-09）[2021-06-11]. http://www.nea.gov.
　　　cn/2019-12/09/c_138617363.htm.

［30］全国人民代表大会常务委员会 . 中华人民共和国职业病防治法 [M]. 北京：中国法制出版社，2018.